PSICOMOTRICIDADE

Dados Internacionais de Catalogação na Publicação (CIP)
(Câmara Brasileira do Livro, SP, Brasil)

Oliveira, Gislene de Campos
  Psicomotricidade : educação e reeducação num enfoque psicopedagógico / Gislene de Campos Oliveira. 20. ed. – Petrópolis, RJ : Vozes, 2015.

Bibliografia.

6ª reimpressão, 2022.

ISBN 978-85-326-1829-0

1. Aprendizagem motora 2. Aprendizagem perceptiva motora 3. Educação 4. Psicopedagogia I. Título.

97-1998   CDD-155-412

Índices para catálogo sistemático:
1. Aprendizagem psicomotora : Psicologia infantil   155.412
2. Psicomotricidade : Psicologia infantil   155.412

GISLENE DE CAMPOS OLIVEIRA

PSICOMOTRICIDADE

Educação e reeducação num enfoque psicopedagógico

Petrópolis

© 1997, Editora Vozes Ltda.
Rua Frei Luís, 100
25689-900 Petrópolis, RJ
www.vozes.com.br
Brasil

Todos os direitos reservados. Nenhuma parte desta obra poderá ser reproduzida ou transmitida por qualquer forma e/ou quaisquer meios (eletrônico ou mecânico, incluindo fotocópia e gravação) ou arquivada em qualquer sistema ou banco de dados sem permissão escrita da editora.

CONSELHO EDITORIAL

Diretor
Gilberto Gonçalves Garcia

Editores
Aline dos Santos Carneiro
Edrian Josué Pasini
Marilac Loraine Oleniki
Welder Lancieri Marchini

Conselheiros
Francisco Morás
Ludovico Garmus
Teobaldo Heidemann
Volney J. Berkenbrock

Secretário executivo
Leonardo A.R.T. dos Santos

Editoração e organização literária: Ana Lúcia Kronemberger
Capa: Juliana Teresa Hannickel

ISBN 978-85-326-1829-0

Este livro foi composto e impresso na Editora Vozes Ltda.

A toda minha maravilhosa família e particularmente a meu marido, Waill, pela força, carinho e compreensão, elementos decisivos desta obra.

SUMÁRIO

APRESENTAÇÃO, 9

CAPÍTULO I – PSICOMOTRICIDADE, 11
 1. Introdução, 11
 2. Sistema nervoso, 16
 3. Tipos de movimentos, 23
 4. Tônus muscular, 26
 5. Origens e definição, 28

CAPÍTULO II – DESENVOLVIMENTO DA PSICOMOTRICIDADE, 41
 1. Coordenação global, fina e oculomanual, 41
 2. Esquema corporal, 47
 3. Lateralidade, 62
 4. Estruturação espacial, 74
 5. Estruturação temporal, 85
 6. Discriminação visual e auditiva, 98

CAPÍTULO III – APRENDIZAGEM DA LEITURA E ESCRITA, 105
 1. O papel da linguagem, 105
 2. A leitura e a escrita como meios de comunicação, 110
 3. Linguagem gráfica, 110
 4. Leitura, 113
 5. Escrita, 114

CAPÍTULO IV – DIFICULDADES DE APRENDIZAGEM, 117

   1. Escola, 119
   2. Deficiência mental, 120
   3. Déficits físicos e/ou sensoriais, 121
   4. Desenvolvimento da linguagem, 121
   5. Fatores afetivo-emocionais, 122
   6. Fatores ambientais (nutrição e saúde), 122
   7. Falta de maturidade para iniciar o processo de alfabetização, 123
   8. Deficiências não verbais, 124
   9. "Dislexia", 124

CAPÍTULO V – CONCLUSÕES E PROSPECÇÕES, 133

DEFINIÇÃO DE TERMOS, 139

BIBLIOGRAFIA, 141

APRESENTAÇÃO

Verifica-se que sempre existem alunos que não acompanham o ritmo acadêmico de seus colegas em sala de aula. Os motivos são diversos, e vão desde problemas mais sérios de incapacidade intelectual, até pequenas desadaptações que, quando não cuidadas, se transformam em verdadeiros obstáculos para uma aprendizagem significativa.

Muitos professores, preocupados com o ensino das primeiras letras, e não sabendo como resolver as dificuldades apresentadas por seus alunos, várias vezes os encaminham para as diversas clínicas especializadas que os rotulam como "doentes", incapazes ou preguiçosos. Na realidade, muitas dessas dificuldades poderiam ser resolvidas dentro da própria escola.

Por acreditar que a psicomotricidade auxilia e capacita melhor o aluno para uma melhor assimilação das aprendizagens escolares, procuramos trazer os seus recursos para dentro da sala de aula, tanto no âmbito da educação quanto da reeducação.

Considerando que um bom desenvolvimento psicomotor proporciona ao aluno algumas das capacidades básicas a um bom desempenho escolar, pretendemos dar-lhe recursos para que se saia bem na escola, aumentando seu potencial motor. A psicomotricidade, pois, se caracteriza por uma educação que se utiliza do movimento para atingir outras aquisições mais elaboradas, como as intelectuais.

Na primeira parte deste livro discutimos as implicações do sistema nervoso e a importância da maturação neurológica para o ensino das primeiras letras.

O capítulo II trata dos fundamentos teóricos da psicomotricidade, focalizando o movimento como um meio que o indivíduo utiliza para adquirir um maior desenvolvimento cognitivo.

No capítulo III fizemos uma análise sobre a leitura e a escrita. Não foi nosso objetivo apresentar os diversos métodos de alfabetização. Nossa preocupação foi refletir um pouco sobre as habilidades necessárias para um maior desenvolvimento da leitura e escrita.

A seguir procuramos levantar algumas possíveis causas das principais dificuldades encontradas pelos alunos em sala de aula.

Finalizamos com um conjunto de conclusões e sugestões para uma maior prevenção de algumas dificuldades acadêmicas. Esperamos que este nosso estudo venha a contribuir para o desenvolvimento de melhores programas educacionais e ajude os educadores a refletirem sobre o auxílio que a psicomotricidade pode prestar nas primeiras aprendizagens.

CAPÍTULO I
PSICOMOTRICIDADE

1. INTRODUÇÃO

Ao olharmos nossos alunos, enquanto eles estão na sala de aula ou brincando no recreio, vemos cada um deles movendo-se, agitando-se ou parados. Identificamos cada um deles pela sua altura, pela cor de seus cabelos, seus olhos. O que se torna visível para nós são os seus corpos.

Verificamos que há alunos que correm, brincam e que participam de todos os jogos. Nas salas de aula não apresentam qualquer problema de postura, de atenção, leem e escrevem sem dificuldades, conhecem a noção de tempo e espaço.

Verificamos também a existência de alguns que são diferentes, embora tenham uma inteligência normal. São "desastrados", isto é, derrubam coisas quando passam, possuem movimentos muito lentos e pesados e têm dificuldades em participar dos jogos com outras crianças. Nas salas de aula não conseguem pegar corretamente no lápis, apresentando uma letra ilegível; às vezes escrevem com tanta força que chegam a rasgar o papel, ou então escrevem tão clarinho que não se enxerga; muitos possuem uma postura relaxada, têm dificuldade em se concentrar e entender ordens, sentem-se perdidos, por exemplo, quando se exige o conhecimento direita-esquerda; não conseguem manusear uma tesoura; pulam letras quando leem ou escrevem, não conseguem controlar o tempo de suas tarefas. Enfim, são diversos os problemas que as crianças podem apresentar.

O que exatamente está se passando?

O que torna as primeiras crianças mais capazes de agir no meio?

O que se pode fazer para ajudar as crianças com problemas?

Estas questões são constantemente formuladas por alguns educadores que se preocupam com o desenvolvimento integral do aluno no processo ensino-aprendizagem.

Muitas das dificuldades apresentadas pelos alunos podem ser facilmente sanadas no âmbito da sala de aula, bastando para isto que o professor esteja mais atento e mais consciente de sua responsabilidade como educador e despenda mais esforço e energia para ajudar a aumentar e melhorar o potencial motor, cognitivo e afetivo do aluno.

Na realidade, o que acontece é que, frente às mínimas dificuldades encontradas com os alunos e não sabendo resolvê-las, os educadores encaminham-nos a especialistas, em clínicas geralmente caras. Existem, porém, muitos pais que não têm condições de tratar seus filhos com estes profissionais, quer por razões econômicas, quer por ignorância. Para estas crianças, às vezes, são abertas classes especiais e elas são discriminadas como preguiçosas, sem força de vontade, e recebem o rótulo de "crianças-problema". Com isto elas estão ainda mais fadadas a um fracasso escolar e à consequente evasão da escola.

Os professores, em vez de fazerem um exame de consciência sobre sua atuação como educadores, enquanto membros de uma instituição escolar, isentam-se de qualquer responsabilidade e culpam o meio sócio-econômico-cultural do aluno ou a incapacidade do mesmo ou ainda a falta de esforço em aprender o que eles ensinam.

Por outro lado, para as crianças de maior poder aquisitivo, este encaminhamento dá origem a uma longa novela, onde o protagonista é a criança e cujos cenários são constantemente renovados dentre as clínicas de pediatria, neurologia, psicologia, fonoaudiologia e outras "especializadas". Os profissionais destas clínicas, por seu lado, buscam uma avaliação segura para poder detectar qual o problema que devem sanar. Como normalmente estão distantes das salas de aula e do processo ensino-aprendizagem, muitas vezes vão procurar as falhas para o não aproveitamento nas próprias crianças. Catalogam-nas como possuidoras de distúrbios de aprendizagem (nome mais comum) e passam a reeducá-las como tais, como se fossem portadoras de alguma doença. Está instalada aí o que Collares e Moysés (1985) chamam de "medicalização do fracasso escolar". Para estas autoras "a medicalização de uma questão consiste na busca de causas e soluções médicas, em nível organicista e individual para problemas de origem eminentemente social".

Sucupira (1985) é da mesma opinião, quando diz:

> A medicalização do fracasso escolar encontra aqui um meio explicativo que se adapta à tendência de isentar o sistema escolar e as condições familiares e sociais da criança para colocar ao nível individual, orgânico, a responsabilidade pelo mau rendimento escolar.

Segundo esta mesma autora, os pais aceitam mais a decepção pelo fracasso escolar de seu filho quando se apresenta a alternativa de uma "doença".

O que todos esquecem é que estas andanças da criança por todos esses lugares e ao longo dos anos podem acarretar um outro problema, talvez maior, de origem afetivo-emocional. A criança começa a se sentir diferente das outras e sofre com isto. A visão de si mesma é abalada e ela pode desenvolver um sentimento de inferioridade que interfere em sua autoimagem. Estamos de acordo com a ideia de Montezuma (1984) quando diz:

> Autoimagem é o retrato ou perfil psicológico de si mesmo que o construtivismo do sujeito reorganiza permanentemente e conserva em sua *memória*, como resultado das *interações* vividas no passado, ao longo de sua história de vida.

Isto quer dizer que o indivíduo vai constantemente reformulando a sua visão de vida e de si mesmo de acordo com seus sucessos e fracassos pessoais.

> Diante de sua experiência de vida, boa ou má, o indivíduo estabelece critérios para julgar-se a si mesmo, começando a formação de uma opinião favorável ou desfavorável acerca de si

mesmo. Utiliza, portanto, uma série de valores como marco de referência para sua autorrealização e consequentemente sua autoestima (OLIVEIRA,1979).

Intimamente ligada à autoimagem está a autoestima que é um juízo de valor, um julgamento que fazemos de nós mesmos. Ela pode ser positiva ou negativa e vai depender da carga energética ou afetiva que atribuímos aos nossos êxitos ou fracassos.

Sabemos que a experiência escolar tem grande influência na imagem que a criança faz de si mesma. Ela pode ter alguma experiência de fracasso na escola e isto vem abalar sua autoconfiança, além de contribuir para um número maior de fracassos. Sentir-se-á pior ainda se for rotulada como aluno-problema e passar a enfrentar diversos profissionais que tentarão resolver esses seus fracassos. Acaba vendo-se com uma severa autocrítica prejudicando assim seu desempenho escolar.

Muitas vezes, muitos desses encaminhamentos não precisariam ser feitos se os profissionais estivessem atentos a uma educação mais integral do aluno e aptos para realizar uma reeducação em seu âmbito escolar.

Verificamos, também, que existem muitos casos em que as crianças são prejudicadas porque este encaminhamento se faz tardiamente, quando já foram reprovadas por dois ou três anos seguidos e depois de terem automatizado os erros, principalmente de leitura e escrita.

Desta maneira, o processo educativo, que poderia ser mais rápido e mais facilmente resolvido, torna-se mais doloroso, mais complexo e mais demorado.

A nosso ver, precisar-se-ia capacitar melhor os professores para que estejam sempre aptos para promover uma educação integral do aluno, para detectando os que não acompanham o ritmo dos colegas e reconhecendo onde estão as falhas. Realizar uma reeducação quando se fizer necessário e ao âmbito de sala de aula e encaminhar ao profissional competente quando os seus recursos se esgotarem.

No presente trabalho, o centro de nossas preocupações pode estar resumido na seguinte questão:

Um professor, a partir de uma preparação técnica em psicomotricidade, com instrumentos psicomotores adequados para serem aplicados coletivamente em sala de aula, poderá realmente ajudar seus alunos a superar suas deficiências e minimizar as dificuldades?

Acreditamos que o professor deve esgotar os seus recursos antes de proceder a um encaminhamento para os diversos especialistas. Como já afirmamos, há crianças que não conseguem acompanhar o ritmo de seus colegas.

O problema existe, isto é, há crianças que preocupam os professores porque "não conseguem acompanhar" o ritmo das outras. Como ficam estes alunos? O que se pode fazer com eles, principalmente com aqueles que não podem ir a especialistas? Deixar que suas dificuldades se resolvam sozinhas? Deixar que cada vez mais eles se distanciem dos outros e acabem abandonando a escola?

Sabemos que a escola precisa sofrer muitas modificações no sentido de melhorar a qualidade de ensino e promover uma aprendizagem mais significativa.

Acreditamos, também, que nem todos os problemas apresentados pelos alunos sejam de inteira responsabilidade da escola. O fato real é que o problema existe, já está instalado e algo tem que ser feito no âmbito escolar, antes que se processe um encaminhamento para os diversos especialistas.

Verificamos que existem alunos que possuem um desenvolvimento lento das funções neuropsicológicas devido a um atraso em sua maturação e isto pode influenciar seu aprendizado.

A proposta que aqui se apresenta é levar os recursos da psicomotricidade para serem desenvolvidos em classe, tanto no âmbito da educação quanto da reeducação dos alunos.

Estamos procurando organizar condições facilitadoras para a aquisição das habilidades e conhecimentos, favorecendo o desempenho escolar. Uma ação pedagógica faz-se necessária e esta deve enfocar uma educação global, em que devem ser respeitados os potenciais intelectuais, sociais, motores e psicomotores.

Deve-se notar que não se pretende que o professor faça sessões de psicoterapia com o aluno. Há casos que não são e nem devem ser de sua alçada como, por exemplo, as perturbações mais sérias de articulação da palavra e dificuldades psicomotoras mais graves, que devem ser tratadas por especialistas como fonoaudiólogos, neurologistas e psicólogos.

A recuperação, normalmente, é um trabalho lento e que requer paciência.

Se levarmos em consideração que existe uma porcentagem grande de crianças ditas "problemas" nas escolas e que elas não são observadas com mais atenção em nenhum momento, acreditamos que este estudo constitua algo novo e de grande relevância.

2. SISTEMA NERVOSO

O movimento, as ações, enfim, a integração do homem às condições do meio ambiente estão na dependência de um sistema muito especial chamado *sistema nervoso*.

O sistema nervoso coordena e controla todas as atividades do organismo, desde as contrações musculares, o funcionamento de órgãos e até mesmo a velocidade de secreção das glândulas endócrinas. Integra sensações e ideias, opera os fenômenos de consciência, interpreta os estímulos advindos da superfície do corpo, das vísceras e de todas as funções orgânicas e é responsável pelas respostas adequadas a cada um destes estímulos. Muitas dessas informações são selecionadas e às vezes eliminadas pelo cérebro como não significativas. Por exemplo: pode-se não tomar conhecimento da pressão do corpo quando se deita, do contato do corpo com as roupas, da visão de algum objeto em sala de aula, de um barulho constante.

Muitas vezes, essas informações se tornam completamente irrelevantes. Uma das funções do sistema nervoso é selecionar e processar as informações, canalizá-las para as regiões motoras correspondentes do cérebro para depois emitir respostas adequadas, de acordo com a vivência e experiência de cada indivíduo.

Tentaremos, aqui, dar algumas noções, embora não aprofundadas, sobre o sistema nervoso a fim de esclarecer melhor o que se passa no organismo das crianças e assim ter mais condições de agir no sentido de propiciar um maior desenvolvimento pessoal.

Ao nascer, o ser humano apresenta algumas estruturas já prontas, definidas, como, por exemplo, a cor dos olhos, dos cabelos, o sexo. Outras ainda estão por desenvolver. Neste último caso encontra-se a parte do sistema nervoso, que precisa de condições favoráveis para o seu pleno funcionamento e desenvolvimento.

O córtex cerebral, substância cinzenta que reveste o cérebro e onde estão localizadas as funções superiores, está presente no nascimento de forma ainda muito rudimentar. A este respeito, Bee e Mitchell (1984, p. 120-130) comentam:

> Durante os primeiros meses e anos de vida, algumas células corticais novas são acrescentadas, as células ficam maiores e as já existentes estabelecem mais conexões entre si. O cérebro fica mais pesado.

As células do sistema nervoso são chamadas de *neurônios*. Um indivíduo adulto possui aproximadamente cem bilhões de neurônios. O neurônio é uma célula diferenciada e tem as funções de receber e conduzir os estímulos.

O córtex cerebral é o centro onde são avaliadas as informações e são processadas as instruções ao organismo.

Para que haja uma transmissão de informações, o córtex cerebral necessita de impulsos que lhe chegam dos receptores exteroceptivos (ex.: pele, retina, ouvido interno, olfato, paladar), proprioceptivos (músculos, tendões e articulações) e interoceptivos (vísceras).

A condução dos impulsos advindos desses receptores aos centros nervosos se faz através das fibras nervosas sensitivas ou aferentes e a transmissão aos músculos do comando dos centros nervosos é efetuada pelas fibras eferentes ou motoras.

A velocidade dos impulsos nervosos se faz através do revestimento da *bainha de mielina* encontrada nas fibras nervosas e que é composta por colesterol, fosfatídeos e açúcares. Esta bainha possui a função não só de condução como também de isolante.

Fonseca e Mendes (1987, p. 118), estudando a mielinização das fibras nervosas, afirmam que "a criança *nasce* e *chega ao mundo* com a sua *mielinização por fazer*, isto é, com o seu sistema nervoso por (e para) acabar. Melhor ainda, dizemos nós, com o seu sistema nervoso por (e para) aprender!"

Em seguida eles criticam a posição de alguns educadores que ignoram a "função dos gestos e dos movimentos como meios de mielinização das fibras nervosas".

A bainha de mielina desempenha um papel importante na transmissão de informações. Existe maior velocidade nas fibras mielínicas do que nas amielínicas.

Como conclusão, Fonseca e Mendes (op. cit., p. 118) mostram que:

> Ora, torna-se assim evidente como esta maior velocidade de comunicação entre os centros de decisão e os centros de execução é duma importância decisiva para a coordenação e respectivo controle muscular em qualquer aprendizagem, incluindo naturalmente todas as aprendizagens escolares. O grau de mielinização acaba mesmo por ser um índice de crescimento da própria criança (e da sua inteligência).

O período mais crítico para a mielinização e o desenvolvimento neuronal se dá entre o 6º mês de gestação até mais ou menos os seis anos de idade da criança.

As células nervosas vão se desenvolver bastante nesta fase e para que isto ocorra necessitam de energia – que são os açúcares e gorduras – e de proteínas. Das proteínas que vêm pelo sangue da mãe para alimentar o feto, 80% vão para o cérebro. Uma gestante com condições nutricionais baixas vai influir bastante nos neurônios da criança. Uma desnutrição ocorrida nesta fase leva a criança, portanto, a ter prejuízo enorme em seus neurônios. Terá menos neurônios e não chegará mais a ter este número adequado de células nervosas, mesmo que seja depois bem alimentada.

Após o nascimento, a alimentação continua sendo essencial para que o sistema nervoso se torne mais diferenciado. As substâncias necessárias para uma boa formação do sistema nervoso, portanto, têm que estar presentes não só na vida intrauterina como após o nascimento.

Mas não é só a nutrição que é importante para um bom desenvolvimento da criança. A estimulação do ambiente também. Quanto mais estimulamos uma criança, mais provocamos nela reações e respostas que se traduzem em um número maior de sinapses.

A *sinapse* é uma conexão entre os neurônios na qual um neurônio estimula o seguinte através da liberação de uma substância chamada neurotransmissor, propagando-se assim os impulsos nervosos e transmitindo as informações.

A palavra *informações* neste contexto pode significar muitas coisas – fatos, lembranças, conhecimentos, valores, intensidade de dor, temperatura, luz ou qualquer outro fato significante. O cérebro vai transmitir a informação de um ponto a outro de um modo que se torne significativo para a mente.

As sinapses são muito numerosas, várias centenas para um mesmo neurônio. Cada neurônio é submetido a diversos estímulos, uns agindo no sentido da facilitação e outros no sentido da inibição. Eles ocorrem em grande número e uns atuam mais que outros devido ao hábito. Existem sinapses que, provavelmente, não trabalham em certas pessoas, mas guardam um potencial funcional, isto é, podem começar a ser usadas dependendo do *aprendizado*. Temos sinapses que nunca usamos e nunca iremos usar.

Aprender, neurologicamente falando, significa usar sinapses normalmente não usadas. O uso, portanto, de maior ou menor número de sinapses é o que condiciona uma *aprendizagem* no sentido neurológico.

Desta maneira, um educador, com sua atitude estimuladora, está ajudando seu aluno a diferenciar seu sistema nervoso, ampliando seu número de sinapses.

Embora tenhamos salientado a necessidade de uma boa estimulação do meio ambiente, temos que tomar cuidado para não nos excedermos, pois isso, além de provocar ansiedade na criança, não irá apressar o processo de maturação do sistema nervoso.

O sistema nervoso não se desenvolve de uma só vez e obedece a uma sequência. É preciso pedir para a criança o que ela é capaz de realizar, levando em consideração seu processo de *maturação*.

A importância da maturação nervosa para a aprendizagem tem merecido muitas discussões por parte de diversos autores. Lourenço Filho (1964, p. 35) comenta:

> A aprendizagem supõe um mínimo de maturidade de onde possa partir qualquer que seja o comportamento considerado. Para que o exercício de uma atividade complexa como a leitura possa integrar-se, exigir-se-á, *a fortiori, determinado nível de maturidade anterior. Sem ele,* será inútil iniciar a aprendizagem.

Brandão (1984, p. 41) também ressalta a importância da maturidade para o desenvolvimento da aprendizagem:

> A aprendizagem não poderá proporcionar um desenvolvimento superior à capacidade de organização das estruturas do sistema nervoso do indivíduo; uma criança não poderá aprender das experiências vividas, conhecimentos para os quais não

tenha adquirido, ainda, uma suficiente maturidade. A maturidade é, no entanto, dependente, em parte, do que foi herdado, e, em parte, do que foi adquirido pelas experiências vividas.

Para ele, portanto, a maturidade está sempre em desenvolvimento e nunca estaciona.

Condemarín, Chadwick e Milicic (1986, p. 4-5) acreditam que se pode construir a maturidade de forma progressiva contando com a interação de fatores internos e externos. Acreditam que, para isto, devem ser proporcionadas "condições nutricionais, afetivas e estimulação que são indispensáveis". Elas fazem uma distinção entre maturidade escolar e prontidão. *Prontidão*, para elas, implica:

> [...] em uma disposição, um "estar pronto para..." determinada aprendizagem... a definição do termo inclui as atividades ou experiências destinadas a preparar a criança para enfrentar as distintas tarefas que a aprendizagem escolar exige.

Maturidade escolar implicaria em um "conceito globalizador que incluiria estados múltiplos de prontidão".

Maturidade para elas é, pois:

> A possibilidade de que a criança possua, no momento de ingressar no sistema escolar, um nível de desenvolvimento físico, psicológico e social que lhe permita enfrentar adequadamente uma situação e suas exigências.

Jean Piaget aponta a maturação nervosa como um dos fatores relevantes do desenvolvimento mental. Embora ele acredite que não se conhecem bem as condições de maturação e a relação entre as operações intelectuais e o cérebro, reconhece sua influência, o que Jean-Marie Dolle (in: Condemarín, Chadwick e Milicic, op. cit., p. 4) confirma:

> [...] constata-se, simplesmente, que a maturação abre possibilidades; que aparece, portanto, como uma condição necessária para a aparição de certas condutas, mas que não é sua condição suficiente, pois deve se reforçar pelo exercício e pelo funcionamento. Ademais, se o cérebro contém conexões hereditárias, ele contém um número sempre crescente de conexões, das quais a maioria é adquirida pelo exercício. [...] A

maturação é um fator, certamente necessário na gênese, mas que não explica todo o desenvolvimento.

A maturação desempenha um papel muito importante no desenvolvimento mental, embora não fundamental, pois tem-se que levar em consideração outros fatores como a transmissão social, a interação do indivíduo com o meio, através de exercícios e de experimentação em um processo de autorregulação.

Ajuriaguerra (1980) tem a mesma opinião de Jean Piaget quando afirma que a maturação é uma condição necessária, mas não suficiente para explicar o comportamento.

Concordamos com Bee e Mitchell (op. cit., p. 129) quando dizem:

> O desenvolvimento motor é afetado pela oportunidade de praticar e pelas variações ambientais mais importantes. O processo de maturação sem dúvida estabelece alguns limites sobre o ritmo de crescimento físico e desenvolvimento motor, mas o ritmo pode ser retardado pela ausência de prática ou experiências adequadas.

Lagrange (1972, p. 27) menciona que, com um atraso muito grande da maturação nervosa, a criança "não pode passar das atividades informal e global a uma atividade mais consciente, mais ordenada e mais dominada". Ele afirma que "a educação psicomotora pode permitir (à criança) recuperar em parte este atraso (da maturação nervosa) aumentando o seu vivido corporal", opinião esta com que concordamos plenamente.

Guillarme (1983, p. 29) também ressalta a importância das experiências motoras no processo de maturação e acredita que uma experiência pobre pode retardar essa maturação.

Aponta, como exemplo, crianças que residem em lugares desprovidos de espaço para recreação e que acabam limitando as experiências motoras, resultando em desvantagens em seu desenvolvimento global.

A este respeito temos que desmistificar o conceito de que só o pobre é prejudicado pela falta de oportunidade de se exercitar. Muitos meninos "de rua" têm uma coordenação motora global superior à criança de classe média, sempre protegida pelos medos e ansiedades dos pais.

Verificamos, também, que existem crianças ricas que são criadas por babás, que, não entendendo o processo de desenvolvimento, deixam-nas constantemente em frente à televisão, limitando assim sua exercitação. As mães superprotetoras que fazem tudo pelo filho também estão negando a ele a oportunidade de se desenvolver.

Outro exemplo que podemos citar é o de crianças criadas em creches e orfanatos, em que se verifica uma estimulação muito pobre do meio ambiente e consequentemente poucas respostas são solicitadas.

Outras situações podem ser lembradas, mas não nos cabe aqui discutir o porquê dessa não exercitação motora das crianças. Basta salientar que existem muitas desigualdades entre as crianças que entram na escola, provenientes de seu meio sócio-econômico-cultural e familiar.

Para nós é importante evidenciar como a psicomotricidade pode auxiliar o aluno a alcançar um desenvolvimento mais integral que o preparará a uma aprendizagem mais satisfatória.

3. TIPOS DE MOVIMENTOS

Na escola exige-se que uma criança adapte-se às exigências impostas e que tenha um controle sobre si mesma. O que é necessário para isto?

Sabe-se que muitos comportamentos dependem da nossa vontade e outros aparecem automaticamente. De que forma isto ocorre?

Analisaremos, a seguir, algumas funções do sistema nervoso no que se relaciona aos movimentos. Podemos classificar os movimentos em três grandes grupos: voluntário, reflexo e automático.

3.1. Movimento voluntário

O movimento voluntário depende de nossa vontade. Exemplo: andar em direção a um objeto é um movimento voluntário. Neste ato supõe-se que houve uma intenção, um desejo ou uma necessidade e finalmente o desenvolvimento do movimento.

Escolhemos conscientemente de acordo com a nossa história passada, de acordo com a nossa personalidade, que reações nos parecem mais gratificantes diante da complexidade de estímulos que recebemos diariamente. Este estímulo pode ser a percepção de um objeto, de um acontecimento, lembranças, sensações.

No movimento voluntário, portanto, há primeiramente uma representação mental e global do movimento, uma intenção, um desejo ou uma necessidade e, por último, a execução do movimento propriamente dito. O ato voluntário é sempre aprendido e é constituído por diversas ações encadeadas.

3.2. Movimento reflexo

O movimento reflexo é independente de nossa vontade e normalmente só depois de executado é que tomamos conhecimento dele.

É uma reação orgânica sucedendo-se a uma excitação sensorial. O estímulo é captado pelos receptores sensoriais do organismo e levado ao centro nervoso. De lá provoca direta e imediatamente uma resposta motora.

I.P. Pavlov, fisiólogo russo, dividiu os reflexos em:

a) *inatos*

São independentes da aprendizagem e são determinados pela bagagem biológica. São, portanto, hereditários, quase sempre permanentes e comuns a uma mesma espécie animal. Exemplos: uma luz forte incidindo sobre os olhos provoca uma resposta imediata de contração pupilar. Este é um movimento inato, pois não implica em aprendizagem para a sua produção. Outro exemplo: uma gota de limão na boca provoca, como resposta, a salivação, preparando o organismo para a ingestão do elemento ácido.

b) *adquiridos*

São reflexos aprendidos ou condicionados. Sua ocorrência depende de uma história de associação entre estímulos inatos, que produzem resposta reflexa a outros estímulos. No 2º exemplo acima, a simples palavra ou visão do limão pode eliciar uma resposta condicionada de salivação.

3.3. Movimento automático

O movimento automático depende normalmente da aprendizagem, da história de vida e de experiências próprias de cada um. Depende, portanto, do treino, da prática e da repetição.

A aquisição de automatismos é importante porque propicia formas de adaptação ao meio em que vivemos com uma economia de tempo e esforço, pois não se exige muito trabalho mental. Campos (1973, p. 55) define muito bem este movimento:

> Os automatismos tanto podem ser mentais quanto motores e até sociais como, por exemplo, a cortesia, o cavalheirismo, a cooperação, etc. A observação, a retenção mnemônica, a leitura rápida, a indução etc. constituem exemplos de hábitos mentais. A eficiente realização de atividades dessa natureza depende de um bom desenvolvimento dos hábitos, das habilidades mentais e motoras; através da experiência e do treino, o homem torna-se capaz de realizar esses atos com o mínimo de rendimento, em tempo e em qualidade, sem mesmo necessitar concentrar a sua atenção para executá-los.

Normalmente o movimento se inicia de forma voluntária e, uma vez iniciado, pode-se interrompê-lo a qualquer momento, de acordo com a nossa vontade. Exemplo: quando andamos, não pensamos no balançar de nossos braços. Temos a intenção de andar (voluntário), mas a execução desse movimento torna-se automática.

Este movimento, porém, nem sempre é iniciado pela vontade. Alguns são iniciados sem que se tenha conhecimento, como por exemplo a manutenção do equilíbrio e da postura.

Existem os automatismos que são desenvolvidos através do processo da aprendizagem. Passam do plano voluntário para o plano automático. Exemplo: tocar piano, andar de bicicleta, nadar, digitar. Ocorrem na nossa vida individual, profissional e esportiva.

Para uma pessoa agir no meio ambiente é necessário que possua, além de uma organização motora, uma vontade, um desejo de realizar um movimento. Não se consegue educar ou reeducar ninguém contra sua própria vontade.

O movimento "pelo movimento" não leva a nenhuma aprendizagem. É necessário e fundamental que o aluno deseje, reflita e analise seus movimentos, interiorizando-os. Só assim conseguirá atingir uma aprendizagem mais significativa de si mesmo e de suas possibilidades.

Vemos muitos professores preocupados em promover nos alunos um maior controle de seu corpo, obrigando-os a realizarem uma série interminável de exercícios, acabando por desestimulá-los completamente.

Como vimos anteriormente, não podemos deixar de dar valor, também, aos movimentos automáticos que são indispensáveis para uma melhor adaptação ao meio. Mas, não podemos esquecer que eles tiveram sua origem na participação voluntária do sujeito.

4. TÔNUS MUSCULAR

Convém lembrar que estes movimentos (voluntários, reflexos e automáticos) não aparecem ao acaso. Eles são controlados pelo sistema nervoso através de contrações musculares. Quando nos movimentamos, uns músculos estão se contraindo e outros relaxando-se.

Os músculos são estruturas distribuídas em torno dos ossos e se contraem quando há um encurtamento do comprimento de alguns segmentos do corpo.

Para cada grupo muscular que se contrai e se movimenta, existe, do lado oposto, outro grupo muscular que age em sentido contrário.

O músculo, mesmo em repouso, possui um estado permanente de relativa tensão que é conhecido como tono ou tônus muscular. Para Jean Le Boulch (1984a, p. 55) "o tônus muscular é o alicerce das atividades práticas".

O tônus muscular está presente em todas as funções motrizes do organismo como o equilíbrio, a coordenação, o movimento etc. Todo o comportamento comunicativo está relacionado com o tônus. Herren e Herren (1986, p. 24) dão como exemplo:

> [...] a audição de um som, o deslocamento ativo ou passivo de um membro, uma perda de equilíbrio, uma dor de estômago, uma lembrança triste ou alegre, a previsão de um acontecimento são capazes de induzir modificações do tônus de fundo da musculatura geral, de influir em sua intensidade. Entre as fontes mais constantes de manutenção permanente encontramos o estado de vigília e as estimulações antigravitárias.

Todo movimento realiza-se sobre um fundo tônico e um dos aspectos fundamentais é sua ligação com as emoções.

A boa evolução da afetividade é expressa através da postura, de atitudes e do comportamento. Podemos transmitir, sem palavras, através de uma linguagem corporal, todo o nosso estado interior. Transmitimos a dor, o medo, a alegria, a tristeza e até nosso conceito de nós mesmos. Uma criança, por exemplo, que não acredita muito em si tem a tendência de se "envolver", isto é, de manter seu corpo em estado de tensão quando se sente ameaçada.

Verificamos, às vezes, que existem crianças que não conseguem controlar o tônus de seus braços e pernas. Umas são *hipertônicas,* isto é, possuem um aumento do tônus. Seus músculos apresentam uma grande resistência, pois estão contraídos em excesso. Têm seus movimentos voluntários e automáticos comprometidos, não balançam os braços ao andar, ou escrevem tão forte que chegam a rasgar a folha. Outras são *hipotônicas.* Apresentam uma pequena resistência muscular, isto é, têm uma diminuição da tonicidade muscular da tensão. Seu traçado é tão leve que mal se enxerga.

Quando não é um caso muito sério que exija cuidados médicos, um educador pode auxiliar o aluno a desenvolver ou refrear seu tônus alterado através de exercícios apropriados, no sentido de propiciar um maior controle. Podemos citar, como exemplo, uma criança trabalhando com "massinha". Ela cria bolas, cilindros, bolachinhas, cobrinhas. Ao mesmo tempo em que desenvolve suas funções mentais, na medida em que compara as formas, os tamanhos, cores, também está desenvolvendo o tônus muscular de suas mãos.

Desenvolve o tônus muscular dos seus pés, quando escreve com os dedos dos pés na areia, quando pula amarelinha ou escadas.

O tônus muscular, portanto, depende muito da estimulação do meio. Neste aspecto, a figura do educador assume um papel fundamental na vida da criança, pois pode auxiliá-la a confiar mais em todas as suas possibilidades e passar a agir no meio ambiente com mais segurança.

5. ORIGENS E DEFINIÇÃO

"La Psychomotricité est le désir de faire, du vouloir faire; le savoir faire et le pouvoir faire".
Defontaine

O termo *psicomotricidade* apareceu pela primeira vez com Dupré em 1920, significando um entrelaçamento entre o movimento e o pensamento. Desde 1909 ele já chamava a atenção de seus alunos sobre o desequilíbrio motor, denominando o quadro de *"debilidade motriz".* Verificou que existia uma estreita relação entre as anomalias psicológicas e as anomalias motrizes, o que o levou a formular o termo psicomotricidade.

Aristóteles *(A política)* já enunciava um primórdio de pensamento psicomotor quando analisou a função da ginástica para um melhor desenvolvimento do espírito. Afirmava que o homem era constituído de corpo e alma, e que esta deveria comandar. Na procriação, o corpo se coloca primeiro e deve *"obediência ao espírito da parte afetiva à inteligência e à razão"*.

O pensador grego valorizava bastante a ginástica, pois ela servia para *"dar graça, vigor e educar o corpo"*. A ginástica, para ele, devia ser desenvolvida até o período da adolescência com exercícios não muito cansativos para não prejudicar o desenvolvimento do espírito. Ele explica (op. cit., p. 175):

> [...] é à ginástica que cabe determinar que espécie de exercício é útil a este ou àquele temperamento, qual o melhor dos exercícios (este deve ser obrigatoriamente o conveniente ao corpo melhor formado e que se tenha desenvolvido da maneira mais completa) e, por fim, o que melhor convém à maior parte dos indivíduos e que apenas por si seria conveniente a todos; pois nisso está a função adequada da ginástica. O próprio homem que não tivesse inveja nem do vigor físico nem da ciência, que dá a vitória, nos jogos atléticos, precisaria ainda do *pedótriba*[1] e do ginasta para atingir até o grau de mediocridade com o qual ficaria satisfeito.

Podemos notar que Aristóteles dá uma conotação da ginástica, de movimento, como algo mais do que simplesmente o exercício pelo exercício; acredita que se deve procurar o melhor exercício de acordo com o temperamento, o que convém para a maioria dos homens.

Muito se tem escrito sobre o significado e a importância da psicomotricidade. Citaremos alguns autores que têm estudado

---

[1]. Pedótriba significava entre os gregos antigos aquele que ensinava ginástica às crianças.

este assunto, de maneira esclarecedora para nós, embora pertençam a linhas de pensamento diferentes entre si.

Merleau-Ponty (1971, p. 113), numa visão muito própria, ultrapassa a divisão dualista entre corpo e mente. Para ele, o homem é uma realidade corporal, ele é seu corpo, é uma *"subjetividade encarnada"*, como ele chama. É na *ação que a espacialidade do corpo se completa e a análise do movimento próprio deve permitir-nos compreendê-la melhor.*

Harrow (1972) faz uma análise sobre o homem primitivo ressaltando como o desafio de sua sobrevivência estava ligado ao desenvolvimento psicomotor. As atividades básicas consistiam em caça, pesca e colheita de alimentos e, para isto, os objetivos psicomotores eram essenciais para a continuação da existência em grupo. Necessitavam de agilidade, força, velocidade, coordenação. A recreação, os ritos cerimoniais e as danças em exaltação aos deuses, a criação de objetos de arte também eram outras atividades desenvolvidas por eles. Tiveram que estruturar suas experiências de movimentos em formas utilitárias mais precisas.

Hoje, o homem também necessita destas habilidades, embora tenha se aperfeiçoado mais para uma melhor adaptação ao meio em que vive. Necessita ter um bom domínio corporal, boa percepção auditiva e visual, uma lateralização bem definida, faculdade de simbolização, orientação espaçotemporal, poder de concentração, percepção de forma, tamanho, número, domínio dos diferentes comandos psicomotores como coordenação fina e global, equilíbrio.

Harrow cita ainda os sete movimentos ou modelos de movimentos básicos inerentes ao homem que são: correr, saltar, escalar, levantar peso, carregar (sentido de transportar), pendurar e arremessar. Como exemplo disto, podemos observar crianças quando estão envolvidas em alguma atividade durante o dia. Possuem movimentos naturais porque são inerentes ao organismo humano, não necessitam ser ensinadas e representam a necessidade de se tornarem ativas. A função do educador, então, seria modelar e tornar eficiente a execução destes movimentos. Ela ressalta (op. cit., p. 3-7):

> *Movement is the key to life and exists in all areas of life. When man performs purposeful movement he is coordinating the cognitive, the psychomotor and the affective domains. Internally, movement is continuously occurring and externally man's movement is modified by past learnings, environmental surroundings and the situation at hand.*

Piaget (1987), estudando as estruturas cognitivas, descreve a importância do período sensório-motor e da motricidade, principalmente antes da aquisição da linguagem, no desenvolvimento da inteligência. O desenvolvimento mental se constrói, paulatinamente; é *uma equilibração progressiva, uma passagem contínua, de um estado de menor equilíbrio para um estado de equilíbrio superior*. O equilíbrio, para ele, significa *uma compensação, uma atividade, uma resposta* do sujeito frente às perturbações exteriores ou interiores. Quando dizemos que houve o máximo de equilíbrio, devemos entender que houve o máximo de *atividades compensatórias*. Exemplo: o desafio do meio pode levar a perturbações e provocar um desequilíbrio. Em resposta, a pessoa vai procurar novas formas de equilíbrio no sentido de uma maior adaptação ao meio e com isto atinge um maior desenvolvimento mental.

A inteligência, portanto, é uma adaptação ao meio ambiente, e, para que isso possa ocorrer, necessita inicialmente da manipulação pelo indivíduo dos objetos do meio com a modificação dos reflexos primários.

A adaptação se dá na interação com o meio e se faz por intermédio de dois processos complementares: *assimilação,* que é o processo de incorporação dos objetos e informações às estruturas mentais já existentes; e a *acomodação,* significando a transformação dessas estruturas mentais a partir das informações sobre os objetos.

É claro que o desenvolvimento da inteligência não se esgota nesses aspectos e não é nossa intenção estudá-la mais a fundo, mas é importante lembrar que ela se relaciona com a psicomotricidade.

Quando uma criança percebe os estímulos do meio através de seus sentidos, suas sensações e seus sentimentos e quando age sobre o mundo e sobre os objetos que o compõem através do movimento de seu corpo, está "experienciando"[2], ampliando e desenvolvendo suas funções intelectivas. Por outro lado, para que a psicomotricidade se desenvolva, também é necessário que a criança tenha um nível de inteligência suficiente para fazê-la desejar "experienciar", comparar, classificar, distinguir os objetos. Brandão (1984, p. 61) a este respeito afirma:

> Mesmo após o início da prática dos movimentos voluntários, é somente após a criança ser capaz de representar mentalmente os objetos, de simbolizar, de poder fazer abstrações e generalizações, que poderá fazer a "invenção" de novos meios de ação. As manifestações da inteligência prática aparecem pelos 8 ou 9 meses, quando as condutas da criança demonstram que ela já é capaz de combinar duas ou mais ações usando-as como meios para vencer as situações que a impedem de executar um ato desejado como, por exemplo, afastar primeiro um obstáculo interposto entre a sua mão e o brinquedo que quer manipular e só então aproximar a mão do objeto e segurá-lo.
>
> Para conseguir o nível de inteligência que permita assim proceder, uma longa preparação, através das experiências vividas pela criança, deve ter acontecido.

Wallon (1979, p. 17-33), um dos pioneiros no estudo da psicomotricidade, salienta a importância do aspecto afetivo como anterior a qualquer tipo de comportamento. Existe, para ele, uma evolução tônica e corporal chamada *diálogo corporal* e que constitui *"o prelúdio da comunicação verbal"*. Este diálogo corporal é fundamental na gênese psicomotora, pois *a ação de-*

---

2. O termo *experienciar* é tomado aqui no sentido de "vivenciar" uma experiência.

sempenha o papel fundamental de estruturação cortical e está na base da representação.

O movimento, portanto, assume uma grande significação. Inicialmente a criança apresenta uma *"agitação orgânica e uma hipertonicidade global",* ocasionando uma relação com o meio ambiente de forma difusa e desorganizada. Pouco a pouco, começa a se expressar através dos gestos que estão ligados à esfera afetiva e que são, portanto, o escape das emoções vividas. Este *mundo das emoções* mais tarde dará origem ao mundo da representação. O movimento, como um elemento básico de reflexão humana, aparece depois, como um fundamento sociocultural e dependente de um *"contexto histórico e dialético".*

Wallon afirma que é *"sempre a ação motriz que regula o aparecimento e o desenvolvimento das formações mentais"* (op. cit., p. 17). Na evolução da criança, portanto, estão relacionadas a motricidade, a afetividade e a inteligência.

A criança exprime-se por gestos e por palavras. Estas aquisições, por sua vez, encaminham-na para sua autonomia. A este respeito, Fonseca (1987, p. 32) afirma que *a significação da palavra evolui com a maturidade motora e com a corticalização progressiva. É pelo movimento que a criança integra a relação significativa das primeiras formas da linguagem (simbolismo).*

Finalizaremos a citação de Wallon com duas frases que traduzem seu pensamento sobre o movimento (in: FONSECA, op. cit., p. 30):

> Movimento (ação), pensamento e linguagem são uma unidade inseparável. O movimento é o pensamento em ato, e o pensamento é o movimento sem ato.

A educação psicomotora, no entender de Lagrange (op. cit., p. 47), opinião esta com que concordamos plenamente, *"não é um treino destinado à automatização, à 'robotização' da criança".* Ele cita Vayer para reforçar sua opinião:

Trata-se de uma educação global que, associando os potenciais intelectuais, afetivos, sociais, motores e psicomotores da criança, lhe dá segurança, equilíbrio, e permite o seu desenvolvimento, organizando corretamente as suas relações com os diferentes meios nos quais tem de evoluir.

A este respeito, Ajuriaguerra (1980, p. 211) afirma ser um erro estudar a psicomotricidade apenas sob o plano motor, dedicando-se

[...] exclusivamente ao estudo de um "homem motor". Isto conduziria a considerar a motricidade como uma simples função instrumental de valor puramente efetuador e dependente da mobilização de sistemas por uma força estranha a eles, quer seja exterior ou interior ao indivíduo, despersonalizando, assim, completamente a função motora.

Ele faz uma comparação entre a evolução da criança e a evolução da sensório-motricidade (op. cit., p. 210):

É pela motricidade e pela visão que a criança descobre o mundo dos objetos, e é manipulando-os que ela redescobre o mundo; porém, esta descoberta a partir dos objetos só será verdadeiramente frutífera quando a criança for capaz de segurar e de largar, quando ela tiver adquirido a noção de distância entre ela e o objeto que ela manipula, quando o objeto não fizer mais parte de sua simples atividade corporal indiferenciada.

Defontaine (1980, vol. 1, p. 17-18) declara que só poderemos entender a psicomotricidade através de uma *triangulação corpo, espaço e tempo*:

C'est le corps dans l'espace et le temps se coordenant et se synchronisant vers... avec ses aspectes anatomiques, neuro-physiologiques, mécaniques et locomoteurs, pour émettre et recevoir, signifié et être signifiant.

A psicomotricidade é um caminho, é o *"desejo de fazer, de querer fazer; o saber fazer e o poder fazer"*[3].

---

[3]. Tradução livre da pesquisadora.

Defontaine define os dois componentes da palavra; *psico* significando os elementos do espírito sensitivo, e *motricidade* traduzindo-se pelo movimento, pela mudança no espaço em função do tempo e em relação a um sistema de referência.

Já Fonseca (1988, p. 332) afirma que se deve tentar evitar uma análise desse tipo para não cair no erro de enxergar dois componentes distintos: o psíquico e o motor, pois ambos são a mesma coisa. A este respeito, ele declara:

> Defendemos, através da nossa concepção psicopedagógica, a inseparabilidade do movimento e da vida mental (do ato ao pensamento), estruturas que representam o resultado das *experiências adquiridas*, traduzidas numa evolução progressiva da inteligência, só possível por uma motricidade cada vez mais organizada e consciencializada.

Ele vê o movimento como realização intencional, como expressão da personalidade e que, portanto, deve ser observado não tanto por aquilo que se vê e se executa, mas também por aquilo que representa e origina. A psicomotricidade, para ele, *não é exclusiva de um novo método, ou de uma "escola" ou de uma "corrente" de pensamento, nem constitui uma técnica, um processo, mas visa fins educativos pelo emprego do movimento humano* (op. cit., p. 332).

Le Boulch (1984a, p. 21-25) também acredita que a atitude em psicomotricidade deve ter sua própria identidade, e não relacionar necessariamente sua metodologia a uma outra corrente. Ele afirma que a psicomotricidade recebe contribuições da psicanálise, no tocante à importância do afeto no desenvolvimento e da concepção comportamental, no sentido de valorizar o instrumento para um maior desempenho do indivíduo.

Ele apresenta (op. cit., p. 24) o objetivo da educação psicomotora proposta pela comissão de renovação pedagógica para o 1º grau na França:

> A educação psicomotora deve ser considerada como uma educação de base na escola primária. Ela condiciona todos os aprendizados pré-escolares; leva a criança a tomar consciência de seu corpo, da lateralidade, a situar-se no espaço, a domi-

nar seu tempo, a adquirir habilmente a coordenação de seus gestos e movimentos. A educação psicomotora deve ser praticada desde a mais tenra idade; conduzida com perseverança, permite prevenir inadaptações difíceis de corrigir quando já estruturadas...

Lapierre (1986) e Le Boulch (op. cit.) têm a mesma posição quando afirmam que a educação psicomotora deve ser *uma formação de base indispensável a toda criança.*

A nosso ver, a psicomotricidade se propõe a permitir ao homem "sentir-se bem na sua pele", permitir que se assuma como realidade corporal, possibilitando-lhe a livre expressão de seu ser. Não se pretende aqui considerá-la como uma "panaceia" que vá resolver todos os problemas encontrados em sala de aula. Ela é apenas um meio de auxiliar a criança a superar suas dificuldades e prevenir possíveis inadaptações.

Ela procura proporcionar ao aluno algumas condições mínimas a um bom desempenho escolar. Pretende aumentar seu potencial motor dando-lhe recursos para que se saia bem na escola.

O indivíduo não é feito de uma só vez, mas se constrói, paulatinamente, através da interação com o meio e de suas próprias realizações e a psicomotricidade desempenha aí um papel fundamental.

O movimento, como já vimos, é um suporte que ajuda a criança a adquirir o conhecimento do mundo que a rodeia através de seu corpo, de suas percepções e sensações.

A educação psicomotora pode ser vista como *preventiva,* na medida em que dá condições à criança de se desenvolver melhor em seu ambiente. É vista também como *reeducativa* quando trata de indivíduos que apresentam desde o mais leve retardo motor até problemas mais sérios. *É um meio de imprevisíveis recursos para combater a inadaptação escolar,* diz Fonseca (1988, p. 368).

Tanto dentro da ação educativa como reeducativa, adotaremos a visão proposta por Le Boulch (op. cit.) de que se una o aspecto funcional ao afetivo, pois os dois têm que caminhar lado a lado.

Por aspecto afetivo ou relacional podemos entender a relação da criança com o adulto, com o ambiente físico e com as outras crianças. A maneira como o educador penetra no universo da criança assume aqui um aspecto primordial. É muito importante que o professor demonstre carinho e aceitação integral do aluno para que este passe a confiar mais em si mesmo e consiga expandir-se e equilibrar-se.

A boa evolução da afetividade é expressa através da postura, das atividades e do comportamento. Uma criança muito fechada em si mesma possui falta de espontaneidade e tem a tendência de "fechar" também seu corpo, isto é, tende a encolher-se e a trabalhar com um tônus muito tenso, muito esticado.

Por aspecto funcional estamos entendendo a forma como um indivíduo reage e se modifica diante dos estímulos do meio. Um bom educador psicomotor, com sua disponibilidade e competência técnica, pode ajudar muito o aluno. Ele pode induzir situações que obriguem este aluno a agir corretamente no ambiente, visando a um maior desenvolvimento funcional.

Ele pode auxiliar seu aluno a tomar consciência de seus próprios bloqueios e procurar suas origens e, principalmente, realizar exercícios adequados para um bom desempenho de seu esquema corporal.

Um educador, a partir de um bom conhecimento do desenvolvimento do aluno, poderá estimulá-lo de maneira que todas as áreas como psicomotricidade, cognição, afetividade e linguagem estejam interligadas.

O aluno sentir-se-á bem na medida em que se desenvolver integralmente através de suas próprias experiências, da manipulação adequada e constante dos materiais que o cercam e também das oportunidades de descobrir-se. E isto será mais fácil de se conseguir se estiverem satisfeitas suas necessidades afetivas, sem bloqueios e sem desequilíbrios tônico-emocionais. Neste sentido pode-se afirmar o cuidado especial que se deve tomar com as crianças em seus primeiros anos de escolaridade.

Observando muitos educadores, principalmente os de pré-escola e 1ª série, podemos notar como esta preocupação citada anteriormente sobre o desenvolvimento da criança é deixada de lado em prol de um treinamento funcional intensificado.

Com efeito, para muitos professores, a repetição constante de exercícios é essencial para que a criança se desenvolva. Neste sentido, uma crítica faz-se necessária: numa tentativa de desenvolver a motricidade de seus alunos, os mandam preencher folhas e mais folhas mimeografadas de riscos à direita, à esquerda, verticais, horizontais, bolinhas, ondas.

Esses mesmos professores, quando querem ensinar conceitos dentro-fora, por exemplo, pedem a seus alunos para colarem papéis coloridos, fazerem cruzes ou desenharem dentro ou fora de um quadrado ou de qualquer desenho. Ao final, acham que as crianças assimilaram corretamente estes termos e passam para outros itens que serão "treinados" da mesma maneira.

Acreditam, com isto, que estão usando de todos os recursos da psicomotricidade para preparar os alunos para a escrita. São, entretanto, exercícios totalmente desprovidos de significado para as crianças e não são nem precedidos de um trabalho mais amplo de conscientização dos movimentos, de posturas, visando a um desenvolvimento mental maior.

Na realidade, estão desenvolvendo a aquisição de gestos automáticos e técnicas sem se preocupar com as percepções que lhe dão o conhecimento de seu corpo e, através deste, o conhecimento do mundo que o rodeia. Os exercícios psicomotores, através do movimento e dos gestos, não devem ser realizados de forma mecânica, devem ser associados com as estruturas cognitivas e afetivas.

Muitas dificuldades podem surgir com uma aprendizagem falha na escola. Está certo que algumas habilidades motoras começam a ser desenvolvidas na família, mas não se pode negar a importância dos primeiros anos de escolaridade. Por outro lado, também há alunos que já vêm para a escola com problemas motores que prejudicam seu aprendizado e que não são sanados em nenhum momento, acarretando uma maior desadaptação escolar.

Existem alguns *pré-requisitos,* do ponto de vista psicomotor, para que uma criança tenha uma aprendizagem significativa em sala de aula. É necessário que, como condição mínima, ela possua um *bom domínio do gesto e do instrumento.* Isto significa que precisará usar as mãos para escrever e, portanto, deverá ter uma boa coordenação fina. Ela terá mais habilidade para manipular os objetos de sala de aula, como lápis, borracha, régua, se estiver ciente de suas mãos como parte de seu corpo e tiver desenvolvido padrões específicos de movimentos. Deverá aprender a controlar seu tônus muscular de forma a saber dominar seus gestos.

É importante, também, que ela tenha uma boa coordenação global, saindo-se bem ao se deslocar, transportar objetos e se movimentar em sala de aula e no recreio. Muitos dos jogos e brincadeiras, realizados nos pátios das escolas, são, na verdade, uma preparação para uma aprendizagem posterior. Com eles, a criança pode adquirir noções de localização, *lateralidade, dominância,* e consequentemente orientação espaçotemporal. Um fator importante para a educação escolar é o desenvolvimento *do sentido de espaço e tempo.* Isto significa que a criança se movimenta em um determinado espaço e tempo. Uma boa orientação espacial poderá capacitá-la a orientar-se no meio com desenvoltura.

Do movimento que transcorre surgem as noções de tempo, duração de intervalos, sequência, ordenação, ritmo. Não podemos deixar de citar, também como pré-requisito para uma boa aprendizagem, a *acuidade auditiva e visual,* mas só podemos propiciar estes estímulos se eles estiverem integrados e bem orientados.

Analisaremos, a seguir, as particularidades desses conceitos, sua importância e como se desenvolvem.

CAPÍTULO II
DESENVOLVIMENTO DA PSICOMOTRICIDADE

1. COORDENAÇÃO GLOBAL, FINA E OCULOMANUAL

Para uma pessoa manipular os objetos da cultura em que vive precisa ter certas habilidades que são essenciais. Ela precisa saber se movimentar no espaço com desenvoltura, habilidade e equilíbrio, e ter o domínio do gesto e do instrumento (coordenação fina). Esses movimentos, *desde o mais simples ao mais complexo, são determinados pelas contrações* musculares e controlados pelo sistema nervoso (BRANDÃO, 1984, p. 17). Dependem, portanto, da maturação do sistema nervoso.

1.1. Coordenação global

A coordenação global diz respeito à atividade dos grandes músculos. Depende da capacidade de equilíbrio postural do indivíduo. Este equilíbrio está subordinado às sensações proprioceptivas cinestésicas e labirínticas. Através da movimentação e da experimentação, o indivíduo procura seu eixo corporal, vai se adaptando e buscando um equilíbrio cada vez melhor. Consequentemente, vai coordenando seus movimentos, vai se conscientizando de seu corpo e das posturas. Quanto maior o equilíbrio, mais econômica será a atividade do sujeito e mais coordenadas serão as suas ações.

A coordenação global e a experimentação levam a criança a adquirir a *dissociação de movimentos*. Isto significa que ela deve ter condições de realizar múltiplos movimentos ao mesmo tempo, cada membro realizando uma atividade diferente, havendo uma conservação de unidade do gesto. Quando uma pessoa toca piano, por exemplo, a mão direita executa a melodia, a esquerda o acompanhamento, o pé direito a sustentação. São três movimentos diferentes que trabalham *juntos* para conseguir uma mesma tarefa.

Diversas atividades levam à conscientização global do corpo, como *andar*, que é um ato neuromuscular que requer equilíbrio e coordenação; *correr*, que requer, além destes, resistência e força muscular; e outras como *saltar, rolar, pular, arrastar-se, nadar, lançar-pegar, sentar*.

Uma criança desde cedo pratica estas atividades e quando chega aos bancos escolares já possui uma certa coordenação global de seus movimentos. Algumas podem ainda apresentar dificuldades e o professor, antes de mais nada, deve levar em conta essas possibilidades, avaliando as aquisições anteriores. Deve observar a relação entre postura e controle do corpo, e se a criança apresenta cansaço ou uma realização deficiente do movimento. Ele precisa, então, corrigir as posturas inadequadas com paciência e dentro de um clima de segurança, para melhor auxiliá-la no sentido de desenvolver uma coordenação mais satisfatória.

Esta experimentação do corpo leva ao esquema corporal que deixaremos para discutir mais adiante.

1.2. Coordenação fina e óculo-manual

1.2.1. Considerações gerais

A coordenação fina diz respeito à habilidade e destreza manual e constitui um aspecto particular da coordenação global. Temos que ter condições de desenvolver formas diversas de pegar os diferentes objetos. Uma coordenação elaborada dos dedos da mão facilita a aquisição de novos conhecimentos. É através do ato de preensão que uma criança vai descobrindo pouco a pouco os objetos de seu meio ambiente. Brandão (1984, p. 5) analisa a mão como um dos instrumentos mais úteis para a descoberta do mundo, afirmando que ela é um instrumento de ação a serviço da inteligência.

Só possuir uma coordenação fina não é suficiente. É necessário que haja também um controle ocular, isto é, a visão acompanhando os gestos da mão. Chamamos a isto de *coordenação oculomanual* ou *visomotora*.

A coordenação óculo-manual se efetua com precisão sobre a base de um domínio visual previamente estabelecido ligado aos gestos executados, facilitando, assim, uma maior harmonia do movimento. Esta coordenação é essencial para a escrita.

Para Ajuriaguerra (in: CONDEMARÍN & CHADWICK, 1987), o desenvolvimento da escrita depende de diversos fatores: maturação geral do sistema nervoso, desenvolvimento psicomotor geral em relação à tonicidade e coordenação dos movimentos e desenvolvimento da motricidade fina dos dedos da mão.

Um dos aspectos que a experimentação do corpo todo favorece é a independência do braço em relação ao ombro, e a independência da mão e dos dedos, fatores decisivos de precisão da coordenação visomotora. A escrita necessita desta independência dos membros para se processar de maneira econômica, sem cansaço, e para que o indivíduo consiga controlar a pressão sobre os dedos (tônus muscular).

Experiências dinâmicas de *lançar-pegar* também são muito importantes para a escrita, pois facilitam a fixação da atividade entre o campo visual e a motricidade fina da mão e dos dedos, provocando uma maior coordenação oculomanual.

Le Boulch (1984a, p. 112) dá como exemplo a operação que consiste em traçar uma linha de um ponto a outro. Para ele isto implica:

> *[...] la mise en jeu des régulations proprioceptives au niveau du membre supérieur de même nature que celles qui soint mises en jeu dans l'exercice de visée consistant à saisir une balle dans l'espace. Dans la coordination entre espace kinesthésique et espace visuel, le lancer et la rattrape sont des activités majeures d'une grande portée éducative.*

O ensino da escrita exige também uma certa coordenação global do ato de *sentar*. A criança precisa adquirir uma postura correta para realizar os movimentos gráficos no sentido de torná-la mais cômoda, mais relaxada. Além disso necessita adquirir uma dissociação e controle dos movimentos. É fundamental que consiga também controlar a pressão gráfica exercida sobre o lápis e o papel, para alcançar maior destreza e consequentemente maior velocidade no movimento. Isto é facilitado quando possui uma lateralidade bem definida, que será objeto de estudo posterior.

Condemarín e Chadwick (1987, p. 23) ressaltam também a importância do desenvolvimento do freio dos movimentos (inibição voluntária), para responder às exigências de precisão na forma das letras e à rapidez de execução. Para elas,

> estes componentes do controle são resultantes de interações cinestésicas e visuais. O freio e a interrupção parecem depender mais da cinestesia. O manter ou retomar a direção dependem mais da visão.

O desenho e o grafismo desempenham uma habilidade preparatória muito importante para a escrita e leitura. Auxiliam a desenvolver a habilidade de pegar o lápis de forma correta, facilitando uma maior harmonia dos movimentos. A escrita implica, pois, em uma aquisição de destreza manual organizada a partir de certos movimentos, a fim de reproduzir um modelo. Condemarín e Chadwick (1987, p. 23) afirmam que *constitui o resultado de uma conjugação entre uma atividade visual de identificação do modelo caligráfico e uma atividade motora de realização do mesmo.*

Para uma criança conseguir realizar uma preensão correta sem se cansar, com pouco esforço, com precisão, necessita desenvolver certos padrões de movimentos.

A figura 1 mostra algumas posturas fundamentais de pegas normais e anormais do lápis, fornecidas por Silver e Hagin (1991).

Pega normal do lápis

1. Pega em oposição (a mais correta)

2. Dedos próximos ao ponto

3. Lápis perpendicular à mesa

4. Dedão enlaçando o indicador

Pega anormal do lápis

5. Indicador enlaçando o dedão

6. Pegas de dois dedos e dedão

7. Três dedos e o dedão

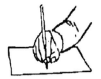

8. Lápis entre o indicador e o terceiro dedo

9. Uso do punho na pega do lápis

10. Palmar

FIGURA 1 – Posturas fundamentais de pegas de lápis, fornecidas por Silver e Hagin.

A perfeição dos atos visomotores depende também da possibilidade de uma realização interiorizada, precedendo a execução e logo dirigindo-a. André Rey afirma:

> No momento de realizar uma ação, por exemplo, traçar linhas em ziguezague, se produz, mentalmente, com antecipação à execução, uma medida visual da distância e se realiza como uma execução interior e mental do movimento a efetuar-se.

1.2.2. Desenvolvimento da preensão

Para que uma criança atinja a etapa de coordenar seus movimentos finos de forma precisa e com uma certa velocidade necessita realizar um trabalho bem intenso de exercitação.

A mão tem uma importância enorme para o recém-nascido na exploração do mundo exterior. Inicialmente, por não possuir maturidade neurológica suficiente para conseguir pegar os objetos, sua característica principal de pega é inteiramente reflexa. Pouco a pouco vai desenvolvendo mecanismos necessários à realização da mesma.

Brandão (1984) faz uma análise bem extensa do desenvolvimento da preensão que iremos apenas resumir.

Para ele, as primeiras atividades de preensão adquiridas se esboçam durante o terceiro mês de idade e são executadas sob o estímulo do tato. Quando a coberta encosta na criança ela a segurará com a palma da mão. Mais tarde, com a aquisição da coordenação oculomanual, consegue pegar o objeto que se encontra em seu campo visual.

No quarto ou quinto mês a preensão é cúbito-palmar (entre o mínimo ou os dois últimos dedos e a palma da mão).

A partir do quinto e sexto mês a preensão é exercida pela flexão dos quatro últimos dedos contra a palma da mão e que corresponde à posição de pinça digitopalmar.

Só após adquirir um certo amadurecimento da ação de aproximar e segurar um objeto, de ter desenvolvido certos padrões de ações, a criança passa a agir voluntariamente, isto é, passa a escolher o padrão de preensão que deseja. Isto se dá mais ou menos a partir do oitavo ou décimo mês de vida. Nesta fase a preensão é radiopalmar, isto é, pega os objetos entre a última falange do indicador e a borda do polegar. Depois se transforma em radiodigital e vai se aproximando da forma desejada de preensão do adulto.

Brandão afirma que só a partir dos doze meses a preensão se adapta à forma e ao uso dos objetos, aquisição esta desenvolvida ou por imitação, ou por acaso, ou por experimentação ativa.

2. ESQUEMA CORPORAL

2.1. Importância do corpo e conceito de esquema corporal

O corpo é uma forma de expressão da individualidade. A criança percebe-se e percebe as coisas que a cercam em função de seu próprio corpo. Isto significa que, conhecendo-o, terá maior habilidade para se diferenciar, para sentir diferenças. Ela passa a distingui-lo em relação aos objetos circundantes, observando-os, manejando-os.

O desenvolvimento de uma criança é o resultado da interação de seu corpo com os objetos de seu meio, com as pessoas com quem convive e com o mundo onde estabelece ligações afetivas e emocionais.

O corpo, portanto, é sua maneira de ser. É através dele que estabelece contato com as entidades do mundo, que se engaja no mundo, que compreende os outros.

Todo ser tem seu mundo construído a partir de suas próprias experiências corporais. Morizot, em palestra proferida no I Congresso Brasileiro de Psicomotricidade, afirma:

> Toda relação corporal implica uma relação psicológica, pois o movimento não é um processo isolado e está em estreita relação com a conduta e a personalidade.

O corpo deve ser entendido não somente como algo biológico e orgânico que possibilita a visão, a audição, o movimento, mas é também um lugar que permite expressar emoções e estados interiores. A este respeito Vayer (1984, p. 30) afirma:

> Todas as experiências da criança (o prazer e a dor, o sucesso ou o fracasso) são sempre vividas corporalmente. Se acrescentarmos valores sociais que o meio dá ao corpo e a certas de suas partes, este corpo termina por ser investido de significações, de sentimentos e de valores muito particulares e absolutamente pessoais.

Para uma criança agir através de seus aspectos psicológicos, psicomotores, emocionais, cognitivos e sociais, precisa ter um corpo "organizado". Esta organização de si mesma é o ponto de partida para que descubra suas diversas possibilidades de ação e, portanto, precisa levar em consideração os aspectos neurofisiológicos, mecânicos, anatômicos, locomotores.

Concordamos com Picq e Vayer (1985) quando afirmam que esta organização de si envolve uma percepção e controle do próprio corpo através da interiorização das sensações. Isto quer dizer que a criança aprende a conhecer e a diferenciar seu corpo como um todo e também a sentir suas possibilidades de ação. Ela precisa, também, adquirir um equilíbrio econômico e postural, uma lateralidade bem definida, uma independência dos diferentes segmentos corporais e um domínio das pulsões e das inibições.

A expressão *esquema corporal* nasceu em 1911 com o neurologista Henry Head, tendo um cunho essencialmente neurológico. Segundo ele (HEAD. In: QUIROS & DELLA CELLA, 1973), o córtex cerebral recebe informações das vísceras, das sensações e percepções táteis, térmicas, visuais, auditivas e de imagens motrizes, o que facilitaria a obtenção de uma noção, um modelo e um esquema de seu corpo e de suas posturas. Head ainda afirma que o esquema corporal armazena não só as impressões presentes como também as passadas.

Já Schilder (1958, p. 15) parte das ideias de Head para desenvolver as suas. Ultrapassando a realidade neuropsicológica, chega ao conceito de imagem corporal que seria uma representação mental de nosso corpo e não constitui uma mera percepção, mas uma *"integração de diferentes gestalten"*. Schilder também supôs *"a existência de uma gestalten biológica e uma gestalten em contínua modificação como participante da imagem corporal"*. *"O esquema corporal [para ele] é a imagem tridimensional que todo mundo tem de si mesmo."*

Após Head e Schilder, as ideias sobre esquema e imagem corporal foram evoluindo. Vayer (1984, p. 73) reconhece que são noções muito complexas, e que são compostas de dados *"biológicos, interacionais, inter-relacionais, sociais..."*

Tanto Morais (1986) quanto Santos (1987) explicam, de maneira esclarecedora, para nós, os conceitos de imagem, conceito e esquema corporal. Definem *imagem do corpo* como uma impressão que se tem de si mesmo, subjetivamente, baseada em percepções internas e externas (exemplo: altura, peso, força muscular) e no confronto com outras pessoas do próprio meio social. O *conceito de corpo* envolve um conhecimento intelectual e consciente do corpo e também da função de seus órgãos.

A criança aprende os conceitos e as palavras correspondentes aos diferentes segmentos e às diferentes regiões do corpo bem como suas funções. A este respeito, Vayer (1982, p. 31) afirma:

> Estes conceitos não fazem parte da experiência propriamente dita, são entidades abstratas mais do que processo perceptivo ou afetivo. Mas a existência de tais conceitos influencia, certamente, a experiência corporal.

A nominação das partes do corpo, como diz Ajuriaguerra (1980, p. 343), *confirma o que é percebido, reafirma o que é conhecido e permite verbalizar (por um mecanismo de redução) aquilo que é vivenciado.*

Na realidade, a criança tem uma representação gráfica da imagem de si. Podemos inferir esta imagem através de seu desenho da figura humana. Por esta razão, quando queremos conhecer a visão da criança sobre si mesma, pedimos que ela realize um desenho da figura humana.

Morais e Santos também conceituam o esquema corporal dizendo que resulta das experiências que possuímos, provenientes do corpo e das sensações que experimentamos. Por exemplo: andar, sentar-se, segurar o lápis ou a caneta de modo correto, com equilíbrio e com movimentos coordenados, depende de uma noção adequada do esquema corporal. O esquema corporal, portanto, regula a postura e o equilíbrio.

Defontaine (1980, vol. 3) compara a imagem corporal a um conhecimento "geográfico" que uma criança possa ter. Através da interiorização, a criança torna-se capaz de se situar. O esquema corporal, para ele, é um conhecimento imediato do corpo estático ou em movimento, e suas relações com as partes do corpo, com o espaço e com os objetos circundantes.

Uma grande preocupação para todos aqueles que lidam com crianças deveria ser ajudá-las a usar seu corpo para apreender os elementos do mundo que as envolve e estabelecer relações entre eles, isto é, auxiliar a desenvolver a inteligência.

É necessário, também, que o educador auxilie seus alunos no sentido de fazê-los centrarem sua atenção sobre si mesmos para uma maior interiorização do corpo. A interiorização é um fator muito importante para que a criança possa tomar consciência de seu esquema corporal. Pela interiorização, a criança volta-se para si mesma, possibilitando uma automatização das primeiras aquisições motoras. A criança que não consegue interiorizar seu corpo pode ter problemas tanto no plano gnosiológico como no práxico.

Le Boulch (1984a) afirma que esta interiorização torna possível uma dissociação de movimentos que permite um maior controle das praxias. No plano gnosiológico, percebemos que a interiorização garante uma representação mental do seu corpo, dos objetos e do mundo em que vive.

Esta representação mental é responsável pelo aparecimento do membro fantasma. O membro fantasma é a ilusão de que um membro amputado ainda está presente com suas sensações de presença, de volume, de movimento. No lugar do membro, a pessoa sente dor, frio, enfim, sente sua ligação com o resto do corpo.

Ajuriaguerra (1980) diz que isto se deve a um *resíduo cinestésico do membro (ou parte do corpo) fisicamente ausente.* *É uma experiência subjetiva que nem uma mutilação corporal consegue mudar.*

Schilder (1958) explica que existe uma base fisiológica que facilita o conhecimento do corpo; o corpo tem, portanto, um exterior (corpo físico, o que todos veem) e um interior que seria a representação mental de seu corpo próprio.

Fonseca e Mendes (1987, p. 63), estudando este fenômeno, declaram que o mesmo se deve à persistência de uma consciência do corpo em sua totalidade. Para eles, a existência de um membro fantasma vem comprovar a existência de um conjunto superiormente estruturado nas áreas motoras e sensitivo-somáticas do córtex humano, significando que

> [...] para cada área motora corresponde uma área sensitiva associada. A ausência súbita de qualquer elemento do corpo corresponde, sem dúvida, a uma ausência física (e das respectivas inervações motoras), mas permanece a ilusão mental sentida no membro amputado, isto é, o amputado continua a sentir o membro mutilado, através da respectiva representação não só de ordem cinestésica como também (e até) de ordem simbólica.

Um esquema corporal organizado, portanto, permite a uma criança se sentir bem, na medida em que seu corpo lhe obedece, em que tem domínio sobre ele, em que o conhece bem, em que pode utilizá-lo para alcançar um maior poder cognitivo. Ela deve ter o domínio do gesto e do instrumento que implica em equilíbrio entre as forças musculares, domínio de coordenação global, boa coordenação oculomanual.

É importante ressaltar que o corpo é o ponto de referência que o ser humano possui para conhecer e interagir com o mundo. Este ponto de referência servirá de base para o desenvolvimento cognitivo, para a aprendizagem de conceitos tão importantes para uma boa alfabetização como, por exemplo, os conceitos de espaço: embaixo, em cima, ao lado, atrás, direita, esquerda etc. Primeiramente a criança visualiza estes conceitos através de seu corpo e só depois consegue visualizá-los nos objetos entre si. Seu corpo também está inserido em um tempo e isto irá permitir situá-la melhor no mundo em que se encontra. Este ponto de referência vai permitir também uma inibição voluntária (a criança inibe seu movimento na hora em que precisar e que quiser). Ela domina seus gestos ao escrever, domina seu tônus muscular ao imprimir a força adequada para a realização de determinadas tarefas.

2.2. Desenvolvimento do esquema corporal

2.2.1. Considerações gerais

O esquema corporal não é um conceito aprendido, que se possa ensinar, pois não depende de treinamento. Ele se organiza pela experienciação do corpo da criança. Como já afirmamos anteriormente, é uma construção mental que a criança realiza gradualmente, de acordo com o uso que faz de seu corpo. É um resumo e uma síntese de sua experiência corporal.

A criança nasce com uma bagagem de sensações e percepções proprioceptivas, mas, por falta de mielinização das fibras nervosas, não consegue organizá-la. Na medida em que há maior amadurecimento do sistema nervoso, ela vai podendo distinguir, por exemplo, que o desconforto que sentia anteriormente é proveniente de fome ou dor. Assim, desde o nascimento, vai gradualmente organizando as diversas sensações que vão surgindo. Guillarme (1983, p. 39) traduz muito bem este pensamento:

> O esquema corporal... não tem nada a ver com uma tomada de consciência sucessiva de elementos distintos, os quais, como num quebra-cabeça, iriam pouco a pouco encaixar-se uns nos outros para compor um corpo completo a partir de um corpo desmembrado. O esquema corporal revela-se gradativamente à criança, da mesma forma que uma fotografia revelada na câmara escura mostra-se pouco a pouco para o observador, to-

mando contorno, forma e uma coloração cada vez mais nítidos.

Ao nascer, a criança tem como principal fonte de conhecimento a boca e através dela recebe sensações de calor, de frio, de umidade. Passa a levar na boca tudo o que vê e sente, e, assim, vai iniciando seu aprendizado. Sente a pressão executada em seu corpo pelo cobertor, pelo berço, pelo afago das pessoas ao seu redor e vai incorporando este conhecimento. Descobre suas mãos, leva-as à boca, brinca com elas; descobre seus pés, seu sexo. Sente o poder que tem sobre seu corpo quando, depois de cair e levantar-se diversas vezes, aprende a encontrar seu ponto de equilíbrio e anda. Seu poder torna-se maior quando aprende a controlar seus esfíncteres. Pouco a pouco, então, vai se conhecendo e integrando as diversas sensações que experimenta; apreende o sentimento de mundo através da audição, visão, olfação, sensação de calor, de frio; percebe também sensações provenientes das inervações dos músculos, das vísceras.

Para Defontaine (1980, vol. 1, p. 10), a criança descobre o seu corpo através das deslocações que normalmente lhe são impostas pela sociedade, desde uma atividade inicial automático-reflexa até adquirir uma capacidade de movimentos dissociados devido ao processo de maturação.

Neste conhecimento de seu corpo, a criança passa por uma experiência, que muitos autores têm preconizado como fundamental para o desenvolvimento do esquema corporal, que é o estágio do espelho, o qual analisaremos a seguir.

2.2.2. Imagem especular

Trata-se da descoberta pela criança de sua imagem no espelho, o que se dá por volta de seis meses de idade. Inicialmente a criança sente-se surpresa com a imagem que vê. Às vezes tenta pegar seu reflexo, sorri para ele sem reconhecer que é sua própria imagem refletida. Ela vê a imagem do adulto que a sustém, sorri para ela e se volta surpresa quando este lhe fala.

A representação que ela possui deste adulto vai somando à imagem especular dele.

Aos poucos vai percebendo que o reflexo no espelho é uma representação dela também e passa a se ver de forma global como um ser único. Ela brinca com o espelho, faz caretas, põe a mão na face, nos cabelos, pula, beija o espelho. Cada vez mais vai comparar o que Le Boulch (1984a) chama de reações posturais e gestuais com seu corpo cinestésico. Isto significa que ela percebe que o corpo que ela sente é o mesmo que ela observa no espelho. *Ela deve compreender que está onde se sente e não onde se vê* (Wallon).

Para Zazzo (in: LURÇAT, 1979), a criança conseguirá superar a dicotomia entre o que vê e o que sente quando for capaz de compreender que tipo de espaço pode estar representado no espelho e isto só se resolve mais ou menos aos vinte meses. Com dois anos e meio, três anos, ela tem condições de entender que *"o espaço que ela sente é o mesmo que ela vê no espelho"*. A este respeito, Wallon mostra que o eu exteroceptivo fornecido pelo espelho vem se juntar ao eu proprioceptivo, num processo tônico-postural.

Gradualmente, portanto, ela apreende sua imagem especular como um reflexo, uma imagem, uma representação, um símbolo.

Já um animal não consegue ultrapassar a visão de sua imagem no espelho. Como experiência, colocamos um galo índio, conhecido como galo de briga, diante do espelho. Cada vez que ele se olhava, ficava vermelho, arrepiava as penas e atacava o espelho. Esta experiência foi feita várias vezes e, em todas, ele tinha a mesma reação. Podemos citar, também, outra experiência salientada por Guillarme (1983) com chimpanzés. Ao se depararem com sua imagem refletida, eles passavam a mão no espelho, olhavam atrás, e, como não viam nada, perdiam o interesse por ela.

A criança, ao contrário, usa o espelho como fator de conhecimento de si, raciocina, descobre seu eu, desenvolve seu esquema corporal.

Lacan (in: AJURIAGUERRA,1980, p. 340) foi um dos pioneiros a salientar o estágio do espelho como fundamental para o desenvolvimento do esquema corporal. Para ele, a criança, até mais ou menos seis meses de idade, possui uma visão de corpo fragmentado, retalhado, e com a imagem especular começa a se ver de forma integrada, organizada, como um todo. Ele afirma:

> A imagem se percebe como uma forma humana na qual ela reconhece, ao mesmo tempo, ela mesma e o outro. É a partir desta imagem especular que se resolve o mal-estar ansiogênico de seu corpo fragmentado e que ele vai construir e reger o mundo; esta imagem de corpo desmembrado, projetado em diferentes segmentos, é substituída, então, pelo sentimento de ser um, afetiva e fisicamente, ainda que o outro se imiscua constantemente.

Para Lacan, a identificação da criança no espelho constitui uma alienação inicial pelo fato de ela se identificar com uma imagem e não consigo mesma, mas isto também permite-lhe um acesso ao mundo da linguagem, facilitando assim que se realize a *função do eu*. Além disso, o espelho também oferece à criança um acesso ao simbolismo, pois organiza, unifica sua visão de corpo fragmentado, percebe-se como um *eu, sujeito do discurso*.

Wallon contrasta com as ideias de Lacan de um corpo fragmentado que se reuniria no espelho. Para Wallon, a imagem do corpo se constrói progressivamente, por um processo de amadurecimento neurofisiológico da criança. O reconhecimento da própria imagem do corpo, depois a imagem do corpo de quem está próximo, é um processo tônico-postural. Para ele, uma criança sente prazer em se descobrir, em se tocar. Percebe os objetos que são colocados sobre sua perna, seu braço, sua mão e, por fim, sobre seu tronco. O espelho representa uma ajuda que facilita o aparecimento das *"identificações sucessivas"* em que ela se identifica, se distingue das coisas e, por fim, do resto do mundo que irá dominar mais tarde. Tudo isto a criança consegue realizar por um processo de maturação, e passa por um processo de *conscientização progressiva do corpo próprio como uma realidade distinta do meio circundante*.

Dolto e Nasio (1991), em uma visão psicanalítica, falam de uma *imagem inconsciente do corpo* que desapareceria com a imagem especular. Eles também opõem-se a Lacan quando este diz que o espelho marca a passagem de uma imagem fragmentada, para uma imagem especular globalizante. Para eles, o que existe antes é uma imagem inconsciente do corpo. A imagem especular, então, contribuiria para *modelar e individualizar a imagem inconsciente*.

Dolto lembra a criança cega que não tem oportunidade de se confrontar com sua imagem visual, o que levaria a supor que teria dificuldade em assimilar o esquema corporal. Segundo a autora, a criança cega conserva uma imagem inconsciente do corpo mais rica; no entanto, esta permaneceria inconsciente mais tempo do que nas crianças que enxergam.

Dolto e Nasio ainda salientam o cuidado que se deve tomar com a experiência do espelho. Um adulto tem que estar ao lado da criança para lhe explicar que o que vê é somente uma imagem, assim como o adulto ao lado é uma imagem no espelho. O outro, portanto, deve estar junto para que ela verifique uma imagem diferente da sua e que descubra que ela é uma criança. Para sabê-lo é preciso que olhe no espelho e constate a diferença entre a sua imagem e a do adulto. Nasio salienta que a imagem especular tanto pode integrar quanto abolir a imagem inconsciente do corpo.

Já Le Boulch (1984a) acredita que uma criança diante do espelho observa seu corpo, que lhe parece estranho, estuda-o, explora-o e paulatinamente vai comparar *seu corpo cinestésico com as reações posturais e gestuais que ela vê no espelho e que ainda lhe são estranhas* – e aos poucos vai perceber que o corpo que sente é o mesmo que observa no espelho.

Tanto Zazzo (in: GUILLARME, 1983) quanto Guillarme veem o espelho como um fator de conscientização de si, mas Guillarme vai mais além, pois afirma que a experiência do espelho confronta a criança com a questão da identidade e, portanto, possui um papel decisivo da intersubjetividade na construção do esquema corporal. Para ele, o próprio esquema corporal tanto quanto uma realidade é uma imagem, pois, *quando pedimos a uma criança para mobilizar a imagem do seu corpo, dirigimo-nos tanto a uma imagem esquecida, mitológica, fantasmática quanto a uma representação intelectual claramente elaborada.*

A experiência do espelho, portanto, constitui uma fase muito importante na confrontação da criança consigo mesma e como parte do processo de identificação. Como já ressaltamos, o corpo é um meio de que a criança dispõe para se expressar, para se comunicar com o mundo que a rodeia e é natural que ele assuma um caráter tão fundamental.

Para muitas pessoas, a experiência do espelho não termina neste período. É sempre um fator de conhecimento de si – não somente na infância, quando possibilita uma maior integração das imagens proprioceptivas, como também na puberdade, como um auxiliar na formação da autoimagem e da visão de si mesmo – da qual a imagem corporal é parte integrante.

Na adolescência, com a emergência das mudanças físicas, o jovem, muitas vezes, sente-se desorientado. Um corpo que se modifica rapidamente acaba por abalar sua estrutura de eu, pode abalar seu esquema corporal, pois seu corpo serve como ponto de referência no espaço.

De início ele se vê em contínuas mudanças e questiona constantemente seu corpo até o momento em que se aceita (ou se espera que se aceite) e passa a viver em harmonia com ele. Neste momento, o espelho é seu grande aliado (ou inimigo). Ele se olha constantemente, estuda seu melhor olhar, seu sorriso mais sedutor, treina posturas, faz poses para analisar qual a melhor imagem que quer passar para os outros. Ele usa o espelho, portanto, como elemento reforçador da formação da sua autoimagem. Ele precisa se sentir bem com a imagem corporal que vê e sente para melhor se contactar com o meio.

2.3. Etapas do esquema corporal

Neste tópico abordaremos as três etapas do esquema corporal propostas por Le Boulch e que, a nosso ver, traduzem o cerne da teoria psicomotora.

1ª ETAPA: CORPO VIVIDO (até 3 anos de idade)

Esta etapa corresponde à fase da inteligência sensório-motora de Jean Piaget. Um bebê sente o meio ambiente como fazendo parte dele mesmo. Não tem a consciência do "eu" e se confunde com o espaço em que vive. À medida que cresce, com um maior amadurecimento de seu sistema nervoso, vai ampliando suas experiências e passa, pouco a pouco, a se diferenciar de seu meio ambiente. Nesse período a criança tem uma necessidade muito grande de movimentação e através desta vai enriquecendo a experiência subjetiva de seu corpo e ampliando a sua experiência motora. Suas atividades iniciais são espontâneas, isto é, não pensadas.

De início, portanto, a criança passa pela fase de vivência corporal. Ela corre, brinca, trabalha seu corpo, passa pelo que De Meur (1984, p. 13) chama de atividade espontânea (dos brinquedos) para uma atividade integrada. De Meur afirma que ela passa pela fase do conhecimento das partes de seu corpo sentindo interiormente cada segmento e *vendo cada segmento dela em um espelho, em uma outra criança e em uma figura.*

Esta etapa, portanto, é dominada pela experiência vivida pela criança, pela exploração do meio, por sua atividade investigadora e incessante. Ela precisa ter suas próprias experiências e não se guiar pelas do adulto, pois é pela sua prática pessoal, pela sua exploração que se ajusta, domina, descobre e compreende o meio. Este ajuste significa que a criança, mesmo sem a interferência da reflexão, adequa suas ações às situações novas, isto é, desenvolve uma das funções mais importantes que é a "função de ajustamento".

Ela adquire também uma verdadeira memória do corpo, a qual, por sua vez, é responsável pela eficácia dos ajustamentos posteriores.

No final desta fase pode-se falar em imagem do corpo, pois o "eu" se torna unificado e individualizado.

2ª ETAPA: CORPO PERCEBIDO OU "DESCOBERTO" (3 a 7 anos)

Esta etapa corresponde à organização do esquema corporal devido à maturação da "função de interiorização", aquisição esta de suma importância porque auxilia a criança a desenvolver uma percepção centrada em seu próprio corpo. Le Boulch (1984b, p. 16) define a função de interiorização como *"a possibilidade de deslocar sua atenção do meio ambiente para seu corpo próprio a fim de levar à tomada de consciência"*.

A função de interiorização permite também a passagem do ajustamento espontâneo, citado na primeira fase, a um ajustamento controlado que, por sua vez, propicia um maior domínio do corpo, culminando em uma maior dissociação dos movimentos voluntários. A criança com isto passa a aperfeiçoar e refinar seus movimentos adquirindo uma maior coordenação dentro de um espaço e tempo determinado.

Ela percebe as tomadas de posições e associa seu corpo aos objetos da vida quotidiana. Ela chega à *representação mental* dos elementos do espaço e isto é possível graças à primeira fase de descoberta e experiências vividas pela criança. Ela descobre sua dominância e com ela seu eixo corporal. Passa a ver seu corpo como um *ponto de referência* para se situar e situar os objetos em seu espaço e tempo. Este é o primeiro passo para que ela possa, mais tarde, chegar à estruturação espaçotemporal.

Ela tem acesso a um espaço e tempo orientado a partir de seu próprio corpo. Chega, pois, à representação dos elementos do espaço, descobrindo formas e dimensões. Neste momento assimila conceitos como embaixo, em cima, direita, esquerda. Adquire também noções temporais como a duração dos intervalos de tempo, de ordem e sucessão, isto é, o que vem antes, depois, primeiro, último.

No final desta fase, diz Le Boulch citando Ajuriaguerra, o nível do comportamento motor bem como o nível intelectual pode ser caracterizado como pré-operatório, porque está submetido à percepção num espaço em parte representado, mas ainda centralizado sobre o próprio corpo.

3ª ETAPA: CORPO REPRESENTADO (7 a 12 anos)

Nesta etapa observa-se a estruturação do esquema corporal. Até este momento, a criança já adquiriu as noções do todo e das partes do seu corpo (que é percebido através da verbalização e do desenho da figura humana), já conhece as posições e consegue movimentar-se corretamente no meio ambiente com um controle e domínio corporal maior. A partir daí, ela amplia e organiza seu esquema corporal.

No início desta fase a representação mental da imagem do corpo consiste numa simples imagem reprodutora. É uma imagem de corpo estática e é feita da associação estreita entre os dados visuais e cinestésicos. A criança só dispõe de uma imagem mental do corpo em movimento a partir de 10/12 anos, significando que atingiu "uma representação mental de uma sucessão motora", com a introdução do fator temporal (LE BOULCH, 1984a, p. 20).

Sua imagem de corpo passa a ser *antecipatória,* e não mais somente reprodutora, revelando um verdadeiro trabalho mental devido à evolução das funções cognitivas correspondentes ao estágio preconizado por Piaget de "operações concretas".

A imagem do corpo representado permite à criança de 12 anos "dispor" de uma *imagem de corpo operatório* que é o suporte que a permite efetuar e programar mentalmente suas ações em pensamento. Torna-se capaz de organizar, de combinar as diversas orientações.

Outro fator que Le Boulch apresenta, como correspondente ao estágio das operações concretas, é a passagem da centralização do corpo, isto é, da percepção de um espaço orientado em torno do corpo próprio à descentralização, à representação mental de um espaço orientado "no qual o corpo está situado como objeto".

Isto quer dizer que os pontos de referência não estão mais centrados no corpo próprio, mas são exteriores ao sujeito, podendo ele mesmo criar os pontos de referência que irão orientá-lo.

2.4. Perturbações do esquema corporal

Segundo De Meur (1984, p. 32), *excetuando-se os casos referentes a problemas motores ou intelectuais, todas as perturbações na definição do esquema corporal são de origem afetiva.*

Existem algumas crianças que não têm consciência de seu próprio corpo. Podem experimentar algumas dificuldades como, por exemplo, insuficiência de percepção ou de controle de seu corpo, incapacidade de controle respiratório, dificuldades de equilíbrio, de coordenação.

É frequente encontrarmos crianças com um conhecimento pobre de seu corpo. Para elas a representação e nominação das diferentes partes do corpo são muitas vezes difíceis. Não localizam ou confundem essas partes. Não percebem a posição de seus membros e consequentemente seu desenho da figura humana torna-se pobre.

Elas podem, também, apresentar dificuldades em se locomover em um espaço predeterminado e em situar-se em um tempo, pois o esquema corporal está intimamente ligado à orientação espaçotemporal.

Uma criança com grandes problemas de esquema corporal manifesta normalmente dificuldade de coordenação dos movimentos, apresentando uma certa lentidão que dificulta a realização de gestos harmoniosos simples – abotoar uma roupa, andar de bicicleta, jogar bola – por falta de domínio de seu corpo em ação. Elas, às vezes, conseguem realizar alguns movimentos, mas, como não planejam seus gestos ao agir, desprendem tanto esforço nessas ações, que logo acabam desestimulando-se.

Outro sintoma de esquema corporal mal estabelecido pode ser visto quando a criança se confunde em relação às diversas coordenadas de espaço, como em cima, embaixo, ao lado, linhas horizontais, verticais; e também não adquire o sentido de direção devido a confusões entre direita e esquerda.

Uma perturbação do esquema corporal, portanto, pode levar a uma impossibilidade de se adquirirem os esquemas dinâmicos que correspondem ao hábito visomotor e também intervém na leitura e escrita. Na escrita, por exemplo, pode não se dispor bem e nem obedecer aos limites de uma folha, não conseguir trabalhar com vírgulas, pontos, nem armar corretamente contas de somar. Além disso, esta falta de conhecimento de sua presença no mundo pode levar a uma dificuldade de contato com as pessoas que a rodeiam.

Uma consequência séria da falta de esquema corporal é o não desenvolvimento dos instrumentos adequados para um bom relacionamento com as pessoas e com seu meio ambiente, e, pior ainda, leva a um mau desenvolvimento da linguagem. A este respeito, Ajuriaguerra (in: FONSECA, 1988, p. 65) afirma:

> [...] sem um verdadeiro conhecimento do corpo e do investimento sobre o mundo dos objetos e das pessoas não se atinge, consequentemente, a linguagem.

3. LATERALIDADE

3.1. Definições

A lateralidade é a propensão que o ser humano possui de utilizar preferencialmente mais um lado do corpo do que o outro em três níveis: mão, olho e pé. Isto significa que existe um predomínio motor, ou melhor, uma dominância de um dos lados. O lado dominante apresenta maior força muscular, mais precisão e mais rapidez. É ele que inicia e executa a ação principal. O outro lado auxilia esta ação e é igualmente importante.

Na realidade os dois não funcionam isoladamente, mas de forma complementar.

Quando pregamos um prego em uma parede, a mão auxiliar segura o prego enquanto a outra, com precisão e força muscular suficiente, bate o martelo; quando escrevemos, uma mão segura a folha enquanto a outra escreve. Podemos citar outros exemplos de dominância dos membros superiores como enfiar uma linha em uma agulha, bordar, riscar uma folha com régua, atirar em um alvo, dar cartas de baralho, pentear-se, recortar com tesoura e diversas outras ações da vida quotidiana.

A dominância ocular pode ser percebida quando perfuramos um cartão e pedimos para a criança observar um objeto qualquer à sua frente através do buraco; quando pedimos que olhe por um caleidoscópio ou um buraco de fechadura. É preciso tomar muito cuidado ao afirmarmos qual é a dominância ocular, pois, às vezes, um problema na vista pode mascarar essa percepção.

Podemos observar a dominância dos membros inferiores, quando pedimos à criança que brinque de amarelinha[4] com um pé e depois com o outro. Verificamos, então, qual o lado que teve mais facilidade, isto é, qual apresentou mais precisão, mais força, mais rapidez e também mais equilíbrio. Podemos pedir, também, que chute uma bola em um determinado alvo, que faça um desenho na areia com os dedos do pé, que arraste com um pé um objeto até um lugar preestabelecido.

Os dentistas afirmam que se pode ver, também, a lateralidade do indivíduo pela observação de seus dentes, pela mastigação. O lado dominante fica mais gasto. Mas, para nós, leigos no assunto, é muito difícil constatar essa dominância.

Guillarme (1983, p. 37) introduz aqui o conceito de *prevalência* e faz uma distinção entre este termo – que para ele signi-

---

[4]. Jogo infantil no qual se exige pular com um pé só.

fica a frequência de utilização de um lado, com suas implicações psicológicas e sociais – e o termo *dominância* – com implicações orgânicas e significando a relação existente entre esta utilização preferencial e o predomínio de um hemisfério cerebral (que veremos mais adiante).

Se uma pessoa tiver a mesma dominância nos três níveis – mão, olho e pé – do lado direito, diremos que é *destra homogênea;* e *canhota* ou *sinistra homogênea*, se for o lado esquerdo. Se ela possuir dominância espontânea nos dois lados do corpo, isto é, executar os mesmos movimentos tanto com um lado como com o outro, o que não é muito comum, é chamada de *ambidestra*.

Podem ocorrer, entretanto, alguns casos em que a criança contrarie essa tendência natural e passe a utilizar a mão não dominante em detrimento da dominante. Diremos que tem *lateralidade cruzada,* quando usa a mão direita, o olho e o pé esquerdos ou qualquer outra combinação. Desta maneira, a pessoa pode apresentar destralidade contrariada (um destro usando a mão esquerda) e sinistralidade contrariada (um sinistro usando a mão direita).

São diversos os motivos que ocasionam um desvio da lateralidade. Por exemplo: um acidente que provoque uma amputação ou uma paralisia no lado dominante faz com que a pessoa passe a usar o outro lado. É chamado de *falsa sinistralidade* ou *falsa destralidade*, conforme o caso.

Podem ocorrer, também, casos em que esta mudança de prevalência manual modifique-se por motivo de identificação com alguém ou por imposição dos pais ou professores ou por motivo afetivo ou por qualquer outro.

Este assunto de lateralidade, desvio da escolha da mão, mudança de prevalência remete-nos a um outro que tem causado muita polêmica entre os diversos pesquisadores do assunto. É o problema das teorias e hipóteses que explicam o porquê da preferência, pelo indivíduo, de um lado do corpo em relação ao outro.

3.2. Hipóteses sobre a prevalência manual

3.2.1. Visão histórica

Defontaine, Brandão, Guillarme apresentam uma compilação das opiniões mais frequentemente encontradas ao longo dos anos.

Wright e Sarasin (in: DEFONTAINE, 1980, t. 3, p. 203), estudando os utensílios utilizados pelo homem da idade da pedra, mostram que estes não se prestavam a uma preferência manual particular e que havia um igual número de destros e canhotos. Foi na idade do bronze que começou a surgir uma preferência pelo lado direito. Isto é explicado pelo fato de que os camponeses tiveram que se adaptar a ferramentas que não eram mais feitas por eles, mas por pessoas específicas.

Outra explicação sobre a supremacia da destralidade aponta para as técnicas guerreiras, pelas quais se ensinavam os homens a pegar a espada ou a lança com a mão direita enquanto a esquerda protegia o coração com o escudo.

Há alguns anos, a concepção religiosa e moral associava o lado direito à verdade, bondade, coisas boas, sacras, preciosas; e o lado esquerdo, ou sinistro, ao profano, ruim, caráter malformado. Vale ressaltar que o termo "sinistro" vem do latim "sinistrum", cujo significado é anormal, funesto, terrível; sentido este, ainda hoje, muitas vezes empregado.

Existem outras explicações que tentam mostrar a preferência pela destralidade, mas, para nós, elas têm valor apenas histórico. Iremos nos concentrar nas hipóteses que têm fundamento científico e que podem esclarecer melhor este assunto.

3.2.2. Hereditariedade

Esta teoria tenta explicar a preferência lateral pela transmissão hereditária.

Chamberlain (in: DEFONTAINE, 1980, t. 3, p. 209) fala em uma predisposição hereditária. Trankell (in: Defontaine) acredita em uma hereditariedade do tipo mendeliano, tendo a destralidade um caráter dominante, embora cientificamente não tenha sido provada esta hipótese. Defontaine critica esta posição, afirmando que Trankell encontrou em suas pesquisas a presença de canhotos vindos de família de canhotos, mas encontrou-os, da mesma forma, provenientes de família completa de destros.

Ele cita também Zazzo que estudou gêmeos homozigotos e que, segundo esta teoria, deveriam ter a mesma dominância. Isto não foi verificado em todos os casos. Poderia a ação educativa ter exercido aí uma influência sobre eles?

O fato é que este tipo de transmissão ainda permanece desconhecido. Para muitos pesquisadores como Ajuriaguerra e Guillarme o fator hereditário não deve ser rejeitado, mas também não se pode considerá-lo como desempenhando um papel único. Outros fatores são necessários para explicar o desenvolvimento da lateralidade.

3.2.3. Hipótese da dominância cerebral

Segundo esta teoria, existe uma dominância em um dos lados do cérebro, e que funciona de forma cruzada. Isto quer dizer que, no destro, encontramos uma dominância do córtex cerebral esquerdo; e, no canhoto, o hemisfério cerebral direito controla e coordena as atividades do lado esquerdo.

Esta conclusão foi tirada dos estudos realizados por Broca (in: GUILLARME, 1983) em indivíduos afásicos. *Afasia* significa a perda da capacidade de usar e compreender a linguagem oral e escrita. Ele verificou que um distúrbio no hemisfério cerebral esquerdo provocaria um prejuízo na linguagem e uma paralisia do lado direito (hemiplegia).

Existiria, portanto, uma correlação entre a preferência lateral e domínio hemisférico. Brandão (p. 415) nos alerta sobre o cuidado que devemos ter com esta afirmação, pois nas funções simbólicas, abstratas, intelectivas não existe esta relação. Ele explica:

> Normalmente, as áreas responsáveis pela elaboração do pensamento simbólico correspondem às áreas do hemisfério es-

querdo, quer o indivíduo seja destro ou canhoto; raramente elas podem corresponder ao hemisfério direito. [...] A lateralidade não corresponde, pois, a uma dominância das atividades globais de um hemisfério, mas a uma dominância exclusiva na execução das atividades motoras e tônicas de *um dos hemisférios*[5] [...] Pode haver uma coincidência entre a localização das áreas responsáveis pelas elaborações simbólicas, próprias do hemisfério esquerdo, e a das áreas de dominância lateral, como acontece nos destros, mas isto não significa que, no canhoto, a dominância das funções simbólicas se localize em áreas do hemisfério direito.

Brandão cita ainda outra hipótese que é a *organização estrutural adquirida do cérebro*. Segundo esta teoria, a posição do embrião no útero pode provocar uma diferença na irrigação sanguínea, o que favoreceria mais um hemisfério do que outro.

3.2.4. Influência do meio psico-social-afetivo e educacional

Segundo esta hipótese, a preferência por uma determinada lateralidade se dá através do aprendizado. Aprendemos a escrever com a mão direita ou esquerda, de acordo com o nosso meio, seja por imposição, por imitação, por questão afetiva etc. Segundo este raciocínio, então, não deveria haver problema algum oriundo da escolha da mão preferencial, o que não se verifica, como veremos adiante.

Ajuriaguerra (1984), Defontaine (1980), Guillarme (1983), Brandão (1984) acreditam que nenhuma dessas teorias sozinhas são suficientes para explicar o fenômeno da lateralização. Ela é o resultado da associação de diversos fatores, posição esta com a qual também concordamos.

---

5. Grifo nosso.

3.3. Evolução e desenvolvimento da lateralidade

Brandão faz uma análise exaustiva sobre a evolução da lateralidaade desde o nascimento até sua definição. Limitar-nos-emos a fazer um breve relato das principais ocorrências. Para ele, no primeiro estágio das atividades do bebê, época em que elas são puramente reflexas e espontâneas, os movimentos globais dos braços e mãos são bimanuais e mais ou menos simétricos. A criança não demonstra aí qualquer dominância; pega os objetos com as duas mãos, de forma proporcional para os dois lados.

A partir do segundo mês, por modificação do desenvolvimento do tônus, a criança acrescenta ações mais assimétricas e mais unilaterais, dependendo do *tipo de movimento a ser executado, do estímulo, da intensidade do mesmo, do local de atuação e das condições do tônus.*

Entre o quarto e o sétimo mês, *a criança não consegue segurar dois objetos ao mesmo tempo, um em cada mão; quando vê um objeto novo, o tônus dos flexores se relaxam e ela larga o que tinha em suas mãos* (p. 407-411). Somente no fim deste estágio é que ela poderá executar a preensão de um outro objeto, sem largar o que retinha.

Brandão salienta ainda que neste momento, se colocarmos os objetos para a criança segurar sempre de um lado só, possivelmente a mão deste lado chegará primeiro e a repetição disso poderá fazer com que a habilidade de uma das mãos se aperfeiçoe.

Com vinte e oito semanas, a criança já pode segurar em uma das mãos um objeto enquanto abre a outra mão para segurar um outro. Ele conclui que (p. 407):

> O bebê de 16 semanas era ambidestro; com 40 semanas será unidestro, com 28 semanas é biunidestro (Gesell). O bebê entre os 7 e 8 meses tanto pode usar a mão direita como a esquerda, mas, com o tempo, uma das mãos torna-se mais ligeira e hábil – ela torna-se dominante.

Até um ano de idade, portanto, não se verifica nenhuma preferência pelo uso de uma das mãos e só a partir daí uma se torna mais hábil, apresenta mais facilidade e começa a dominar mais. A lateralidade, portanto, começa a se evidenciar neste período, mas só podemos falar em dominância propriamente dita entre os 5 e 7 anos. Para Guillarme, entre 6 e 7 anos.

Concordamos com Brandão quando diz que a lateralidade deve surgir naturalmente, da própria criança, e não ser imposta. Deve surgir dela mesma, *graças à imagem proprioceptiva que ela tem de seu corpo e às suas preferências naturais pelo uso de uma das mãos.*

A criança precisa experienciar os dois lados sem interferências. Ela precisa se descobrir. Os pais têm que ter muito cuidado para não direcioná-la. Ao entregar o garfo ou a colher, por exemplo, devem colocar o mesmo na mesa em frente à criança e deixar que ela segure com a mão que quiser. Muitas vezes, sem querer, ao ensiná-las os movimentos corretos, colocam-se os objetos em sua mão direita. Isto é um direcionamento. Espera-se primeiro que a criança pegue no talher ou qualquer outro utensílio e só depois pode-se ensiná-la qualquer coisa.

A proporção de destros é, sem dúvida, muito maior do que a de canhotos. Existem diversos autores que comprovam isto como, por exemplo, Guillarme e Holle.

O meio ambiente em que vivemos foi feito pelo e para o destro, desde objetos mais simples como tesoura, régua, cartas de baralho, algumas espécies de carteiras em sala de aula, até a nossa escrita. Ela é realizada da esquerda para a direita e de cima para baixo e isto favorece o destro. *Fisiologicamente, nenhum canhoto escreve como um destro,* diz Hildreth (in: DEFONTAINE, 1980, t. 3, p. 211).

Defontaine afirma que o canhoto apresenta duas espécies de dificuldades: as motrizes, pois os movimentos centrípetos da mão são mais fáceis de realizar do que os centrífugos (ele acaba tendo que inclinar sua mão); e as visuais, pois, à medida que escreve, ele esconde com sua mão o que acabou de realizar. Além disso, se usar a caneta-tinteiro, ele acaba borrando tudo, à medida que escreve.

A sua postura pode também piorar com o tempo. Ele pode pender a cabeça ou até deitar sobre a carteira para ler o que escreve. Tem que aprender a virar a folha sem inclinar demais e sem provocar com isto uma rotação do punho que acaba lhe dando dores nos braços, cansaço, má postura, o que pode chegar a desestimulá-lo para a escrita.

Quando escreve, está contrariando sua tendência natural. Esta é uma das razões por que muitos canhotos apresentam inicialmente a escrita especular, isto é, uma forma de escrita que pode ser lida se projetada em um espelho, chamada também de escrita em espelho.

Estas dificuldades e mais as afetivas, pois muitos canhotos se veem como diferentes, como anormais, fazem com que acabem *contrariando* sua lateralidade. Contrariam-na também quando imitam uma pessoa que tenha lateralidade diferente da sua, e com a qual possuem grande identificação, ou quando imitam os gestos de seus pais, por exemplo.

Não podemos deixar de falar da pressão social representada pelos pais e professores para a destralidade. Muitos pais tentam "forçar", "dirigir" a preferência pela mão direita dos filhos para que estes não encontrem dificuldades mais tarde, num mundo de destros. Dirigem a mão que segura a colher, que desenha, que escova os dentes. Ensinam a manusear os objetos do dia a dia com a mão direita, e as iniciativas com a esquerda são logo reprimidas.

Isto se verifica também na escola. Muitos professores, cônscios de que nossa escrita foi feita para o destro, também tendem a dirigir a mão de seus alunos. Houve um tempo em que eles amarravam a mão esquerda das crianças nas costas para que só a direita permanecesse livre para escrever. Felizmente, hoje não se usam mais estes métodos tão drásticos, mas podemos perceber que ainda encontramos essas imposições, conscientes ou inconscientes, numa época em que se está ressaltando a importância de se dar à criança a liberdade de experienciar os dois lados para poder se definir melhor.

Na realidade, o canhoto homogêneo ou puro tem as mesmas possibilidades que o destro puro. Basta para isto que se programe, organize a si mesmo e a sua escrita na orientação correta. Ele pode ser tão rápido e executar as mesmas tarefas com a mesma precisão do destro.

Alguns autores, como Brandão, Christiaens, Bize e Maurin (in: DEFONTAINE, 1980, t. 3), defendem a posição de que o canhoto é tão hábil quanto o destro. Outros como Stambak e V. Monod (in: DEFONTAINE, op. cit., t. 3) dizem que o canhoto, embora tenha as mesmas possibilidades, é mais lento e menos preciso e só no desenho livre a eficiência motora é equivalente para os dois.

A *ambidestria* é outro fator que tem merecido vários estudos. Algumas atividades como a dança e a educação física têm incentivado bastante o domínio dos dois lados. Brandão afirma que a ambidestria não pode ser tolerada, pois prejudica o desenvolvimento da criança e acarreta várias consequências como diminuição da habilidade e velocidade manuais, aparecimento de sincinesias de imitação (que veremos a seguir), influência no desenvolvimento *das funções intelectivas, no ajustamento emocional e afetivo da criança, um atraso inicial da linguagem e alterações da escrita.* Ele ainda enfatiza (p. 417):

> Para que uma criança se torne hábil, capaz de executar com velocidade todas as suas atividades, é necessária uma especialização entre a mão esquerda e a direita, isto é, que ela tenha desenvolvido definitivamente a sua lateralidade.

3.4. Perturbações da lateralização

O problema reside quando uma pessoa apresenta uma lateralidade cruzada ou é mal lateralizada, o que pode resultar em muitos efeitos negativos tais como:

a) Dificuldade em aprender a direção gráfica, conforme já mencionamos.

b) Dificuldade em aprender os conceitos esquerda e direita. Deve-se aqui fazer uma distinção entre lateralidade como domínio de um dos lados do corpo e como conhecimento das noções de direita e esquerda. Estes últimos conceitos devem suceder à definição de sua própria lateralidade.

Uma criança toma seu corpo como ponto de referência no espaço e, se ela se confunde ou não conhece sua dominância, pode não perceber o eixo de seu corpo e consequentemente será difícil saber qual lado é o direito ou o esquerdo.

A lateralidade é importante porque permite à criança fazer uma relação entre as coisas existentes em seu meio. Dizemos que uma criança que já tenha uma lateralidade definida e que esteja consciente dos lados direito e esquerdo de seu corpo está apta para identificar esses conceitos no outro e no espaço que a cerca. Obedece, portanto, a algumas etapas: primeiro assimila os conceitos em si mesma, depois os objetos em relação a si mesma. Em seguida, descobre-os no outro que está à sua frente e finalmente nos objetos entre si.

Segundo De Meur e Staes (p. 13):

> O conceito estável de esquerda e de direita só é possível aos 5 ou 6 anos e a reversibilidade (possibilidade de reconhecer a mão direita ou a mão esquerda de uma pessoa à sua frente) não pode ser abordada antes dos 6 anos, 6 anos e meio.

c) Comprometimento na leitura e escrita.

O ritmo da escrita pode ser mais lento. A criança talvez não tenha força e precisão suficientes para imprimir maior velocidade.

A escrita torna-se muitas vezes ilegível e mesmo especular.

d) Má postura – o que pode resultar em um desestímulo decorrente do esforço que precisa fazer para escrever.

e) Dificuldade de coordenação fina, isto é, há uma probabilidade de maior imprecisão dos movimentos finos.

f) Dificuldade de discriminação visual: a criança pode apresentar confusão nas letras de direções diferentes como d, b, p, q.

g) Perturbações afetivas que podem ocasionar reações de insucessos, falta de estímulo para a escola, baixa autoestima.

h) Grunspün (1966) cita, ainda, distúrbio da linguagem e do sono; e Orton (in: DEFONTAINE, p. 211), a gagueira.

i) Aparecimento de maior número de *sincinesias*.

A *sincinesia* é o comprometimento de alguns músculos que participam e se movem, sem necessidade, durante a execução de outros movimentos envolvidos em determinada ação. É involuntária e geralmente inconsciente.

Ela está relacionada com o estado de fundo tônico. Verifica-se tensão muscular nos braços, pés, por exemplo, que não estão executando o movimento. Isto quer dizer que, ao realizar um movimento com as mãos e os pés, pode-se observar sincinesia nos olhos (podem ficar arregalados ou tensos), na boca (abertura, mordidura de língua, língua para fora), nos outros membros etc.

Defontaine (op. cit., t. 3, p. 215) distingue dois tipos de sincinesias:

1) sincinesias de imitação: quando se encontram *"sobre dois membros simétricos para a execução de um movimento voluntário de um dentre eles. O outro membro imita o movimento em toda a sua sequência"*[6];

2) sincinesias axiais: as crianças devem ser observadas em posição de decúbito dorsal para melhor verificar seus membros superiores e inferiores. Defontaine sugere que se peça a elas que abram e fechem a boca várias vezes seguidas. Elas podem apresentar sincinesias ao nível das mãos e pés. Pode-se também pedir para abrirem e fecharem as mãos rapidamente e obtém-se uma resposta inversa, isto é, abertura da boca.

A sincinesia manifesta-se de maneira idêntica para as mesmas incitações.

---

6. Tradução livre da pesquisadora.

Normalmente uma criança de até 5 anos apresenta sincinesias, havendo uma diminuição aos 7 e o desaparecimento aos 10 anos.

As sincinesias podem ser verificadas quando a mão não dominante executa o movimento e a probabilidade é maior quando existe uma lateralidade contrariada.

j) Dificuldades de estruturação espacial, pois esta faz parte integrante da lateralização.

A lateralização é a base da estruturação espacial e é através dela que uma criança se orienta no mundo que a rodeia.

Veremos, agora, como se desenvolve e qual a importância de se desenvolver na criança a orientação espacial.

4. ESTRUTURAÇÃO ESPACIAL

4.1. Importância da estruturação espacial

A estruturação espacial é essencial para que vivamos em sociedade. É através do espaço e das relações espaciais que nos situamos no meio em que vivemos, em que estabelecemos relações entre as coisas, em que fazemos observações, comparando-as, combinando-as, vendo as semelhanças e diferenças entre elas. Nesta comparação entre os objetos constatamos as características comuns a eles (e as não comuns também). Através de um verdadeiro trabalho mental, selecionamos, comparamos os diferentes objetos, extraímos, agrupamos, classificamos seus fatores comuns e chegamos aos conceitos destes objetos e às categorizações. *É esta formação de categorias que leva à generalização e à abstração"* (KEPHART, 1986, p. 123).

A aritmética lida com o fenômeno do agrupamento e para isto é necessário que tenha sido desenvolvida a noção espacial, visto que os objetos só existem dentro de um espaço determinado. Um exemplo da relação existente entre os objetos no espaço é fornecida por Lurçat (1979) ao analisar o campo dos números e da aritmética. Ela cita o número "três" como exemplo, dizendo que ele não é inerente aos próprios objetos. É inerente à *relação* existente entre eles. A noção de "três" é, pois, um agrupamento no espaço e, portanto, é independente de qualquer aspecto dos objetos, exceto de suas relações espaciais.

Muitas das atividades realizadas em sala de aula, como a escrita, dependem da manipulação das relações espaciais entre os objetos. As relações espaciais, por sua vez, são mantidas por meio do desenvolvimento de uma "estrutura" de espaço. Sem esta "estruturação" *nós nos perdemos ou distorcemos muitas* destas relações e nosso comportamento sofre por receber informações inadequadas (p. 138).

A importância da estruturação espacial na escrita é registrada de forma muito clara por Ajuriaguerra (1988, p. 290):

> A escrita é uma atividade motora que obedece a exigências muito precisas de estruturação espacial. A criança deve compor sinais orientados e reunidos de acordo com leis; deve, em seguida, respeitar as leis de sucessão que fazem destes sinais palavras e frases. A escrita é, pois, uma atividade espaçotemporal muito complexa.

De Meur e Staes (1984, p. 13) definem a estruturação espacial como:

> – a tomada de consciência da situação de seu próprio corpo em um meio ambiente, isto é, do lugar e da orientação que pode ter em relação às pessoas e coisas;
>
> – a tomada de consciência da situação das coisas entre si;
>
> – a possibilidade, para o sujeito, de organizar-se perante o mundo que o cerca, de organizar as coisas entre si, de colocá-las em um lugar, de movimentá-las.

Em primeiro lugar, portanto, a criança percebe a posição de seu próprio corpo no espaço. *Depois*, a posição dos objetos em relação a si mesma e, *por fim*, aprende a perceber as relações das posições dos objetos entre si. Santos (1987, p. 17) afirma que em nossa vida quotidiana as especificações espaciais indicam as direções em relação ao nosso corpo e são definidas pela *possibilidade de movimento e por nossa organização*.

Craik (in: KEPHART, p. 124) analisa o espaço como um conceito que se desenvolve principalmente no cérebro, pois construímos nosso mundo espacial por meio da interpretação de grande número de dados sensoriais que não possuem relação direta com o espaço. Temos, então, que interpretar essas informações sensoriais, ao mesmo tempo em que construímos os conceitos espaciais. É um círculo vicioso, que ele explica:

> Não podemos desenvolver um mundo espacial estável até que aprendamos a interpretar a informação de nossos sentidos em termos espaciais. No entanto, podemos construir este mundo espacial baseados somente nas interpretações espaciais de dados sensoriais.

Estes dados sensoriais a que Craik se refere dizem respeito principalmente à visão e sensações cinestésicas de movimento. Podemos acrescentar também o tato e a audição.

Nós movemos nossa mão para pegar algum objeto qualquer e por meio desta cinestesia calculamos a distância que temos que percorrer, e a partir desta avaliação determinamos a que distância se encontra este objeto.

A visão, para ele, é mais eficiente nesta avaliação, pois permite, de acordo com a nossa própria experiência, realizarmos cálculos de espaço mais rápidos e mais precisos do que o movimento, além de nos fornecer inúmeras outras estimativas que Kephart (1986, p. 19) explica:

> Podemos olhar para um certo número de objetos e localizá-los todos no espaço ao mesmo tempo, enquanto que, se dependêssemos da cinestesia, teríamos que tê-los localizado um por um. Aqui teríamos, mais uma vez, consumido tempo e a precisão seria sacrificada pela magnitude da tarefa. [...] este problema da localização simultânea no espaço de um grande número de objetos é de considerável importância para a aprendizagem. A visão, dentre todos os sentidos, é a única que tem condições de realizar esta estruturação do espaço.

A percepção auditiva é representada pela associação do símbolo verbal a outras sensações do corpo próprio. Ela está mais ligada à orientação temporal, embora o espaço faça uso dela frequentemente. Pelo tato, percebemos as manifestações afetivas como carícia, afagos, e também as agressivas, se houver manifestação física. Além disso, percebemos, também, as superfícies das coisas ao nosso redor, se são lisas, rugosas, úmidas, ásperas, macias.

Todas essas percepções sensoriais nos levam, portanto, às propriedades dos diversos objetos e nos permitiriam uma catalogação, uma classificação, um agrupamento destes no sentido de uma maior organização do espaço.

4.2. Desenvolvimento da estruturação espacial

A estruturação espacial não nasce com o indivíduo. Ela é uma elaboração e uma construção mental que se opera através de seus movimentos em relação aos objetos que estão em seu meio.

Fonseca (1988) vê o espaço bucal como o primeiro com que a criança se defronta. A boca é o espaço mais próximo dos braços e é, portanto, o primeiro objeto de exploração, pois a sensação e movimento nesta fase estão intimamente ligados.

Bucher (1978) dá muita importância às ligações afetivas que a mãe desenvolve com o filho na fase inicial de sua vida. Suas sensações de bem ou mal-estar procedentes de carícias, movimentos e mudanças de postura são carregadas de afetividade. Na medida em que vai havendo a maturação do seu sistema nervoso, ela vai se tornando capaz de perceber e coordenar estas múltiplas sensações visuais, táteis, auditivas e cinestésicas.

Bucher ainda afirma que os mundos interno e externo são indistintos para o recém-nascido. Sua imagem de corpo começa a se elaborar mais ou menos aos três meses, e entre o sexto e o nono mês se percebe uma primeira separação entre seu corpo e o meio ambiente.

Aos três anos, a criança já tem uma vivência corporal. Para ela, portanto, a exploração do espaço inicia-se, como declara Le Boulch (1984a), desde o momento em que ela fixa o olhar em um determinado objeto e tenta agarrá-lo. Depois a locomoção permite-lhe dirigir-se aos locais ou aos objetos que quer alcançar.

A verbalização que auxiliará na designação dos objetos constitui um fator muito importante para a organização da vivência do espaço e, também, para um melhor conhecimento das diferentes partes do corpo e de suas posições. *"Todo objeto, desde o momento em que ele é nomeado, faz o papel de organizador do espaço próximo circundante, permitindo construir o espaço que o rodeia"*, diz Le Boulch (1984a, p. 199). Para ele, a primeira orientação da criança é em relação à posição dos objetos familiares descobertos através da experiência vivida.

Desde muito cedo a criança escolhe e ordena seus objetos. Ela veste-se, come, brinca, coloca e amarra o sapato. Estes atos de seu dia a dia obrigam-na a executar gestos diferenciados para sua realização. Essa ordenação já envolve atividades concretas de classificação.

Para que uma criança perceba a posição dos objetos no espaço, precisa, primeiramente, ter uma boa *imagem corporal*, pois usa seu corpo como ponto de referência. Ela só se organiza quando possui um domínio de seu corpo no espaço. Isto significa que ela apreende o espaço através de sua movimentação e é a partir de si mesma que ela se situa em relação ao mundo circundante. Numa verdadeira exploração motora inicial, ela necessita pegar os objetos, manuseá-los, jogá-los, agarrá-los, lançá-los para a frente, para trás, para dentro e fora de determinado lugar.

Lurçat (op. cit., p. 119) define bem esta questão:

> *C'est au cours de son dévelopment que l'enfant accumule la connaissance qu'il a de l'espace, d'une part, les repères et les mises en relation indispensables à son activité et qui la sous-tendent. D'autre part, il se donne le moyen d'élaborer mentalement le reflet de la réalité en transposant l'espace*

concret et en créant ainsi le support de ses représentations et de ses opérations mentales sous la forme la plus concrète.

Para a criança assimilar os conceitos espaciais precisa, também, como já afirmamos anteriormente, ter uma *lateralidade bem definida,* o que se dá por volta de 6 anos. Ela torna-se capaz de diferenciar os dois lados de seu eixo corporal e consegue verbalizar este conhecimento, sem o que fica difícil distinguir as diferentes *posições* que os objetos ocupam no espaço.

É através de uma experimentação pessoal, então, que estes conceitos de direita e esquerda passam a ter um sentido e um valor para ela. Ao assimilá-los estará preparada para perceber, comparar e assimilar os conceitos relacionados com outras posições como à frente, atrás, acima, abaixo. Neste momento, a verbalização é fundamental para vivenciar melhor o domínio das noções de orientação.

Ela aprende também as noções de *situações* (através de conceitos como dentro, fora, no alto, abaixo, longe, perto); *de tamanho* (através dos conceitos de grosso, fino, grande, médio, pequeno, estreito, largo); *de posição* (por meio das noções de em pé, deitado, sentado, ajoelhado, agachado, inclinado); *de movimento* (através dos conceitos de levantar, abaixar, empurrar, puxar, dobrar, estender, girar, rolar, cair, levantar-se, subir, descer); *de formas* (conceitos de círculo, quadrado, triângulo, retângulo); *de qualidade* (conceitos de cheio, vazio, pouco, muito, inteiro, metade); *de superfícies e de volumes.*

Ao apreender estes conceitos, diremos que ela atingiu a etapa da *orientação espacial.* Isto significa que *a criança tem acesso a um "espaço orientado a partir de seu próprio corpo multiplicando suas possibilidades de ações eficazes"* (LE BOULCH, 1984a, p. 162).

Lurçat (op. cit.) nos alerta sobre as dificuldades que se podem encontrar ao se representarem os pontos de referência em relação às diversas posições espaciais relacionadas acima. Ela cita o exemplo de uma boneca em pé. Se uma criança tomar a boneca como objeto, irá projetar sobre ela sua própria lateralidade, significando que sua esquerda será a esquerda da boneca e sua direita, a direita da boneca. Se tomar a boneca como sujeito, é esta que irá estruturar o espaço em função de sua lateralidade. Estes mesmos conceitos de direita e esquerda podem ser projetados para as outras posições espaciais, mostrando a mesma ambiguidade de interpretação.

Esta representação da boneca subentende um ponto de referência relativo e supõe um certo número de operações mentais.

Os pontos de referência do tipo alto/baixo são absolutos, pois acima sempre se subentende o teto, e embaixo o solo. Os conceitos direita/esquerda e adiante/atrás dependem, para muitas crianças, da posição de seu próprio corpo no espaço. Uma pessoa que já possua uma orientação espacial bem definida dará ela mesma as coordenadas para que saibamos quais são seus pontos de referência.

Normalmente, temos consciência dos objetos que se situam em nosso espaço, tanto os que estão do nosso lado, quanto os que estão longe, a nossa frente e também os que se situam atrás de nós. Não podemos vê-los, mas sabemos que existem, que existe uma "estrutura espacial" atrás de nós, e mantemos, portanto, uma relação bem viva com todos eles. Kephart (op. cit.) analisa este fato salientando que a criança pequena e a retardada apresentam dificuldade em perceber este espaço existente atrás delas. Quando elas se voltam, os objetos e as situações localizadas atrás de si deixam de existir para elas.

Quando uma criança consegue se orientar em seu meio ambiente, estará mais capacitada a assimilar a *orientação* espacial no papel. Muitas professoras, preocupadas com o desenvolvimento espacial ligado ao ensino da leitura e escrita, em vez de se preocupar em trabalhar estas noções ao nível de movimentação de corpo, de interiorização das ações, tentam começar esta orientação pelos exercícios gráficos. Isto é um erro, pois as crianças apenas aprendem a imitar e decorar o que é exigido delas, sem que haja qualquer transformação mental significativa.

Um indivíduo que possui orientação espacial no papel mentalmente organiza sua folha ao escrever ou ao desenhar, antes de passar para estas atividades.

Além disso, como foi dito anteriormente, na nossa cultura a escrita e a leitura possuem uma direção gráfica: escreve-se e lê-se de forma horizontal, da esquerda para a direita e de cima para baixo. A criança aprende a ler em um espaço determinado. Cada letra tem uma forma e uma forma orientada. Uma ambiguidade de letra pode modificar o sentido dela. Veremos mais adiante as consequências de uma orientação espacial mal estruturada.

Depois desta fase em que o indivíduo aprende a orientar os objetos ele passa a *organizá-los,* a combinar as diversas orientações. Isto significa que ele não mais toma seu próprio corpo como ponto de referência, mas escolhe ele mesmo outros pontos, e os colocará segundo diversas orientações. Ele chega, então, às noções de distância, de direção; passa a prever, antecipar e transpor. Depois que as diferentes direções são conquistadas pelo indivíduo, a transposição sobre o outro e sobre os objetos é possível.

Ele desenvolve também a *memória espacial,* o que lhe possibilita descobrir os objetos que estão faltando em determinado lugar e reproduzir um desenho previamente observado. Além disso, se ele tiver uma memória espacial desenvolvida, não "se esquecerá" dos símbolos gráficos e nem das direções a seguir.

A partir desta organização espacial a criança chega à compreensão das *relações espaciais,* tão importante para que se situe e se movimente em seu meio ambiente. Estas relações espaciais são obtidas graças a uma estrutura de espaço, sem a qual não conseguiríamos manter relações estáveis entre os objetos que estão ao nosso redor. Esta etapa das relações espaciais *baseia-se unicamente no* raciocínio *a partir de situações bem precisas* (DE MEUR E STAES, op. cit., p. 15), como perceber a relação existente entre diversos elementos, a relação de simetria, oposição, inversão. Torna-se capaz de trabalhar com as progressões de tamanho, de quantidade e transposição. Por exemplo, ela torna-se capaz de desenhar a planta de sua escola ou de sua casa, de seguir um trajeto a partir de uma planta, além de trabalhar mais facilmente com mapas geográficos.

É necessário, então, que a criança tenha condições de questionar seu meio, que experiencie as situações de seu corpo em relação ao espaço e que realize um trabalho mental que lhe permitirá organizar-se, organizar e representar seu espaço. Piaget (in: DEFONTAINE, 1980 vol. 4, p. 24) a este respeito explica:

> *La phase de représentation directe de l'espace serait complétée par une phase de représentation mentale décentrée dans laquelle l'axe n'est plus le corps propre mais autrui ou un objet extérieur.*

Para Piaget, esta organização aparece mais ou menos com 8 ou 9 anos, época em que ela é capaz de situar direita e esquerda sobre os objetos em relação a um ponto de vista exterior.

A orientação e a estruturação espaciais são importantes porque possibilitam à criança organizar-se perante o mundo que a cerca, prevendo e antecipando situações em seu meio espacial.

4.3. Dificuldades na estruturação espacial

Muitas dificuldades podem advir de uma má integração da orientação espacial. São diversos os motivos que impedem ou retardam o pleno desenvolvimento da criança, como por exemplo:

a) limitação de seu desenvolvimento mental e psicomotor;

b) crianças tolhidas em suas experiências corporais e espaciais e que não têm oportunidades de manipular os objetos ao seu redor;

c) as que não desenvolveram a noção de esquema corporal, acarretando prejuízo na função de interiorização;

d) as que não conseguiram ainda estabelecer a dominância lateral e nem assimilaram as noções de direita e esquerda através da internalização de seu eixo corporal;

e) "insuficiência ou déficit da função simbólica. A criança é incapaz de associar termos abstratos como direita e esquerda, puramente convencionais, ao que sente ao nível proprioceptivo" (LE BOULCH, 1984a, p. 208);

f) dificuldade de representação mental das diversas noções.

As causas não se esgotam nestas que apresentamos. As consequências são às vezes desastrosas nas aprendizagens escolares. Citaremos algumas, propostas por De Meur, Staes (1984), Le Boulch (1984a e b) e Santos (1987), que acreditamos ser fundamentais:

a) Muitas crianças que não conseguem assimilar os termos espaciais confundem-se quando se exige uma noção de lugar, de orientação, tanto no recreio quanto nas salas de aula.

b) Às vezes, conhecem os termos espaciais, mas não percebem as posições. Muitas têm dificuldades em perceber as diversas posições, colocando em risco sua própria aprendizagem, pois não discriminam as direções das letras. Ex.: "m" e "u", "ou" e "on", "b" e "p", "6" e "9", "b" e "d", "p" e "q", "15" e "51" etc.

c) Crianças que, embora percebam o espaço que as circundam, não têm memória espacial. Algumas "esquecem", ou confundem os significados dos símbolos representados pelas letras gráficas.

d) A falta de organização espacial é um fator muito encontrado, inclusive em adultos. Significa que o indivíduo está constantemente se chocando e esbarrando nos objetos. Por exemplo, se estiver com algum objeto a tiracolo, como uma bolsa, não percebe o espaço ocupado por seu corpo somado à bolsa e esbarra em tudo quando passa. Apresenta muitas vezes indecisões quando tem que se desviar de um obstáculo, não sabendo para que lado deve ir. Além disso, não consegue ordenar e organizar seus objetos pessoais dentro de um armário ou uma gaveta.

Não consegue, também, prever a trajetória de uma bola ou de um objeto qualquer quando este é atirado em determinado alvo.

Pode possuir, também, como consequência, falta de orientação espacial no papel. Não consegue prever a dimensão de seus desenhos, o que o obriga a desenhar algumas partes e espremer as outras em um canto da folha. Não obedece aos limites de uma folha acumulando palavras ao sentir que a folha vai acabar ou continuando a escrever fora dela.

Na escrita não respeita a direção horizontal do traçado, ocorrendo movimentos descendentes ou ascendentes e não consegue escrever em cima da pauta.

Na leitura e escrita tem dificuldades em respeitar a ordem e a sucessão das letras nas palavras e das palavras nas frases. Além disso, possui incapacidade em locomover os olhos durante a leitura obedecendo ao sentido esquerda-direita e chegando mesmo a saltar uma ou mais linhas.

Em matemática, poderá apresentar dificuldades em organizar seus números em fileiras e acaba misturando o que é dezena, centena e milhar. Muitos dos exercícios exigem da criança uma análise sistemática dos elementos e ela terá dificuldade em classificá-los e agrupá-los.

e) Dificuldade em reversibilidade e transposição (conseguida a partir de 8 anos somente). "A noção de reversibilidade possibilita, pouco a pouco, às crianças a compreensão de igualdades como:

$8 + 5 = 3 + 10$
$10 - 3 = 7$
$7 + 10 - ?$

ou ainda que 7 x 3 dê a mesma resposta de 3 x 7" (DE MEUR, p. 39).

f) Dificuldade para compreender relações espaciais. Como dissemos anteriormente, a compreensão das relações espaciais envolve raciocínio e um trabalho mental mais elaborado. Fazem parte da lógica matemática. A criança não percebe o que muda de uma figura para outra nas representações espaciais, não percebe as relações como a simetria, inversão, transposição, elementos adicionados ou subtraídos. Não consegue realizar desde progressões mais simples como tamanho, quantidade, ritmos e cores, como progressões mais complexas, como a variação de dois ou mais elementos numa ordem de sucessão e simultaneidade, ou mesmo compreensão das relações existentes entre as diversas orientações juntas.

Analisamos, até agora, a orientação espacial que a criança deve adquirir quando age e interage com o meio. Intimamente ligada a ela está a orientação temporal. Uma pessoa só se movimenta em um espaço e tempo determinado. Não se pode conceber um sem falar no outro.

5. ESTRUTURAÇÃO TEMPORAL

> *O espaço é um instantâneo tomado sobre o curso do tempo e o tempo é o espaço em movimento.*
> Jean Piaget

Como enfatizamos anteriormente, não podemos conceber a ideia de espaço sem abordarmos a noção de tempo. Eles são indissociáveis. A este respeito Piaget (s/d, p. 11-12) declara:

> O tempo é a coordenação dos movimentos: quer se trate dos deslocamentos físicos ou movimentos no espaço, quer se trate destes movimentos internos que são as ações simplesmente esboçadas, antecipadas ou reconstituídas pela memória, mas cujo desfecho e objetivo final é também espacial...

As noções de corpo, espaço e tempo têm que estar intimamente ligadas se quisermos entender o movimento humano. O corpo coordena-se, movimenta-se continuamente dentro de um espaço determinado, em função do tempo, em relação a um sistema de referência. É esta a opinião de Defontaine (1980, vol. 1, p. 144):

L'être humain est un corps donné dans un espace et dans un temps acquis et agi. C'est par son corps entité spatiale d'action et de représentation que le sujet accède au temps et c'est par le temps que le sujet projette son action possible, l'antecipe et enfin la réalise.

É por esta razão que sempre nos referimos à orientação *espaçotemporal*, de forma integrada. Somente neste momento de nosso estudo estaremos analisando espaço e tempo separadamente, para melhor compreensão de seus fenômenos constitutivos.

Kephart (1986, p. 142) discute dois tipos de tempo: estático e dinâmico. Quando um autor de romance histórico fixa como presente uma sequência de eventos em um determinado tempo na história, está trabalhando o tempo estático. Todos os acontecimentos terão relação de precedência e subsequência com este presente estático e é este o final do tempo histórico relatado por ele.

Nós vivemos no tempo dinâmico, também chamado tempo experiencial, onde o "fluxo" do tempo perpassa pelas noções de passado, presente e futuro. Este fluxo do tempo significa que os acontecimentos do passado são conhecidos, os do futuro, desconhecidos ou então podem ser previstos, e os do presente podem ser experimentados diretamente. Esse fluxo é contínuo no qual *os acontecimentos do futuro passam pelo presente e se tornam passado*. Possuímos e vivenciamos, então, o que Defontaine chama de *um horizonte temporal*.

Piaget (s/d, p. 15) afirma que em nossa noção de tempo nos defrontamos com três situações: *o tempo está ligado à memória ou a um processo causal complexo, ou a um movimento bem delimitado*. Ele explica que, pela memória, existe uma reconstituição do passado, uma narrativa, e esta faz apelo à *causalidade* quando relaciona um acontecimento ligado a outro anterior a ele.

Quando existem dois acontecimentos independentes entre si, e que são ligados somente ao acaso, eles se tornam difíceis de rememorar, e uma das soluções é conseguir um arranjo entre a ordem temporal destes acontecimentos e a causalidade anterior a eles.

Para captar o tempo, portanto, é preciso dirigir-se às operações de ordem causal que, em sua opinião (PIAGET, s/d, p. 15),

> [...] estabelecem um liame de sucessão entre as causas e os efeitos pelo próprio fato de que os segundos se explicam pelos primeiros. O tempo é, pois, inerente à causalidade: ele está para as operações explicativas como a ordem lógica o está para as operações implicativas.

5.1. Importância da estruturação temporal

Da mesma forma que a palavra escrita exige que se tenha uma orientação no papel, através das linhas e do espaço próprio para ela, a palavra falada exige que se emitam palavras de uma forma ordenada e sucessiva, uma atrás da outra, obedecendo um certo ritmo e dentro de um tempo determinado.

A leitura exige uma percepção temporal e um simbolismo que Defontaine (1980, t. 1, p. 144) explica:

> A leitura exige, também, a passagem a um simbolismo, isto é, à visão das formas associadas a um som e, enfim, a sincronização da leitura com os movimentos dos olhos e uma linguagem interior (mental) em coordenação com a respiração para a leitura em voz alta. Tudo isto pede, pois, um outro número de atitudes ao nível da percepção temporal[7].

Para uma criança aprender a ler é necessário que possua domínio do ritmo, uma sucessão de sons no tempo, uma memorização auditiva, uma diferenciação de sons, um reconhecimento das frequências e das durações dos sons das palavras.

Pode-se perceber, portanto, uma grande ligação entre a orientação temporal e a linguagem. A aquisição da palavra, se-

---

[7]. Tradução livre realizada pela pesquisadora.

gundo Defontaine (op. cit., v. 4) supõe uma passagem no tempo, uma vez que a linguagem é uma sucessão de fonemas no tempo; supõe também uma melodia das palavras e das frases, uma variação em frequência e em intensidade e enfim uma organização dos elementos percebidos.

Kephart (op. cit.), analisando a fala e a linguagem, afirma que, se pensarmos os instantes da fala, ela não é mais do que um som isolado. São esses sons isolados que vão ter algum significado através de uma dimensão temporal.

Um indivíduo deve ter capacidade para lidar com conceitos de ontem, hoje e amanhã. Uma criança pequena não consegue extrapolar suas ações para o passado ou o futuro. O seu presente é o que está vivenciando. Os acontecimentos passados normalmente se encontram enevoados e entrelaçados com as noções de presente. Ela não percebe as sequências dos acontecimentos.

É a orientação temporal que lhe garantirá uma experiência de localização dos acontecimentos passados, e uma capacidade de projetar-se para o futuro, fazendo planos e decidindo sobre sua vida.

A dimensão temporal *não só deve auxiliar na localização de um acontecimento no tempo, como também proporcionar a preservação das relações entre os fatos no tempo*, diz Kephart (1986, p. 144).

A palavra *tempo* é empregada para indicar os momentos de mudança. O homem se insere no tempo. Ele nasce, cresce e morre e sua atividade é uma sequência de mudanças. O seu organismo vive em função de um certo "relógio interno", como diz Defontaine (op. cit., v. 1), condicionado pelas suas atividades diárias. Normalmente dormimos à noite e de dia trabalhamos. Isto significa que, quando chega a noite, temos uma "necessidade" enorme de nos recolhermos. A hora de dormir não é tão determinada pela quantidade de sono como pelo hábito.

As horas de nossas refeições também são sagradas. Uma pessoa que almoça todo dia no mesmo horário saberá precisar as horas pela necessidade que tem de comida. Se passar de seu horário habitual, muitas vezes sua fome tenderá a se aquietar, o que nos leva novamente ao hábito e ao nosso relógio interior.

Piaget (in: PICQ & VAYER, 1985, p. 39) diz:

> Nunca vemos nem percebemos o tempo como tal, uma vez que, contrário ao espaço ou à velocidade, ele não é evidente. Percebemos somente os acontecimentos, ou seja, os movimentos e as ações, suas velocidades e seus resultados.

5.2. Etapas da estruturação temporal

Tanto quanto a estruturação espacial, a estruturação temporal também não é um conceito inato. Tem que ser construído e exige um esforço, um trabalho mental da criança que ela só conseguirá realizar quando tiver um desenvolvimento cognitivo mais avançado. Já um adolescente, por exemplo, na busca de sua própria identidade, quando questiona os valores recebidos na infância e procura se projetar no futuro, tentando decidir o que gostará de realizar, está extrapolando noções temporais.

De início a criança vivencia seu corpo, tentando conseguir harmonia em seus movimentos. Mas este corpo não existe isolado no espaço e tempo e a criança vai, pouco a pouco, captando essas noções. Esta etapa é caracterizada pela *aquisição dos elementos básicos*. Seus gestos e seus movimentos vão se ajustando ao tempo e ao espaço exteriores. Depois desta fase, vai assimilando também os conceitos que lhe permitirão se movimentar livremente neste espaço-tempo. Assimilará noções de velocidade e duração próprias a seu dia a dia.

Numa etapa posterior, ela passa a tomar *consciência das relações no tempo*. Irá trabalhar as noções e relações de ordem, sucessão, duração e alternância entre objetos e ações. Irá perceber as noções dos momentos do tempo, por exemplo, o instante, o momento exato, a simultaneidade e a sucessão.

A partir desta fase, então, ela começa *a organizar e coordenar as relações temporais*. Pela *representação mental* dos momentos do tempo e suas relações, ela atinge uma maior *orienta-*

ção temporal e adquire a capacidade de trabalhar ao nível simbólico. Ela terá, então, maiores condições de realizar as associações e transposições necessárias aos ensinamentos escolares, principalmente em relação à leitura, à escrita e à matemática.

Os principais conceitos que as crianças devem adquirir são:

5.2.1. Simultaneidade

A simultaneidade é vivenciada inicialmente através do movimento, de forma motora. Muitas das nossas atividades requerem atividades simultâneas. São movimentos que, para serem realizados, têm que aparecer juntos. Kephart (op. cit., p. 144) dá como exemplo um bebê que move seus braços e pernas ao mesmo tempo. Depois, passa a se movimentar mais ou menos de forma alternada e, em seguida, sequenciada. É exatamente ao relacionar seus movimentos juntos e sequenciados, um após o outro, que uma criança desenvolve o conceito de simultaneidade.

Kephart descreve ainda as ações de um atleta quando se movimenta na barra e precisa sincronizar seus movimentos no momento preciso. A simultaneidade requer, então, para sua realização, que a pessoa possua uma boa coordenação (salvo o bebê, que, exatamente por sua falta de coordenação e de maturidade física, apresenta muitos movimentos juntos. Quando chora, seu corpo todo está se movimentando).

5.2.2. Ordem e sequência

Kephart (op. cit., p. 148) denomina a sequência como *a disposição dos acontecimentos em uma escala temporal, de modo que as relações de tempo e a ordem dos acontecimentos evidenciem-se.* As nossas atividades cotidianas requerem uma sucessão de movimentos. Para uma criança conseguir colocar em ordem cronológica suas ações do dia a dia precisa ter noção de antes e depois, da ordem em que seus gestos podem ser realizados (para colocar o sapato, por exemplo). "Antes de dormir, eu escovo os dentes." "Depois da refeição, vem a sobremesa." "Primeiro eu realizo uma tarefa, depois outra." "Em primeiro lugar vou ao cinema, e em último vou ao teatro."

Uma criança pequena tem condições de perceber a ordem e a sequência de acontecimentos, mas só aos 5 anos adquire a noção de sequência lógica. Uma das maneiras de verificação desse fato pode ser a apresentação às crianças de diversos momentos de um desenho e pedir para colocarem na ordem em que o desenhista pintou. Uma flor com suas pétalas, seu caule, suas folhas. Qual foi a sequência pintada? (exemplo de DE MEUR & STAES, op. cit., p. 187).

Uma pessoa precisa, pois, adquirir a noção de escala temporal para assimilar as noções de sequência.

5.2.3. Duração dos intervalos

Os fenômenos que acontecem no tempo apresentam uma certa duração – *tempo curto e tempo longo* – e envolvem as noções de hora, minuto e segundo, isto é, o tempo decorrido.

Uma criança pequena vive o que De Meur (p. 17) e Bucher (1978, p. 33) chamam de *tempo subjetivo*. Isto significa que o tempo é determinado pela sua própria impressão e emotividade. Uma atividade que lhe dá prazer terá um tempo menor e passará mais rapidamente (pois ela não verá o tempo passar), do que uma que lhe seja desagradável (que transcorrerá lentamente e terá um caráter interminável). Nós, adultos, também vivemos este tempo subjetivo quando assistimos a uma palestra monótona e sem sentido para nós, ou quando estamos em uma reunião agradável. Entretanto, não perdemos de vista o outro tempo, o tempo matemático, sempre idêntico representado pelo *tempo objetivo*. Este tempo é fundamental para uma maior organização do mundo em que vivemos.

Orientar-se no tempo, portanto, torna-se fundamental na nossa vida cotidiana, pois a maioria de nossas atividades são controladas por ele. A criança caminha para esta noção de tempo objetivo, e nós devemos auxiliá-la nisto.

5.2.4. Renovação cíclica de certos períodos

É a percepção de que o tempo é determinado por dias (manhã, tarde e noite), semanas, estações. De início, podemos apenas fazer junto com a criança associações, por exemplo, com as estações do ano. "Que roupa deve usar no inverno?" "E no verão?"

5.2.5. Ritmo

Deixamos para o fim um dos conceitos mais importantes da orientação temporal. O ritmo não envolve, porém, somente as noções de tempo, mas está ligado ao espaço também. A combinação dos dois dá origem ao movimento. *O ritmo não é movimento, mas o movimento é meio de expressão do ritmo* (DEFONTAINE, v. 4, p. 206). É por isto que se diz que o ritmo deve ser vivido corporalmente.

Toda criança tem um ritmo natural, espontâneo. Segundo Aristow-Journoud (1974, p. 10), mesmo no nascimento, a criança é sensível ao ritmo do berço, da melodia cantada por sua mãe. Seu grito e suas manifestações são ritmadas. Tem horas de repouso e horas de impulsos e se manifesta através delas.

A vida moderna impede-nos de aflorar o nosso ritmo natural. Estamos constantemente sendo cobrados através do relógio, do tempo, a realizar tarefas em determinados prazos. Mesmo assim, muito de nosso ritmo natural se conserva conosco. Cada um tem um ritmo de trabalho, uns são mais rápidos do que outros. Aristow-Journoud (p. 9) afirma: *Le rythme c'est la vie, l'equilibre et l'harmonie.*

Para Defontaine (v. 4, p. 200), o homem se insere no tempo segundo sua *"realidade psicossomática"*. Isto significa dizer que os fenômenos auditivos, táteis, visuais, biológicos, cinestésicos estão constantemente interferindo em sua percepção de tempo. Como afirmamos anteriormente, temos um relógio corporal do qual normalmente não tomamos conhecimento. As células e as substâncias químicas de nosso organismo trabalham com precisão, dentro de um determinado ritmo. Possuímos um ritmo endógeno, automantido pelo organismo e que é influenciado pelo ritmo exógeno, ou estímulo externo. O que pode ser observado quando escutamos os ruídos, as vibrações, os timbres, quando vemos as cores, e sentimos as ondas sonoras, nossa interioridade, nosso ritmo interno entrará em consonância ou reagirá a esses sons e tentaremos transformar, aceitar ou mudar a ordem e a intensidade deles. Nós estaremos medindo o tempo preferido por nós.

O ritmo pode ocorrer em várias áreas de nosso comportamento. Ele traduz uma igualdade de intervalos de tempo. Kephart (op. cit., p. 147) distingue três tipos de ritmos: motor, auditivo e visual.

O ritmo motor está ligado ao movimento do organismo que se realiza em um intervalo de tempo constante. Andar, nadar, correr são exemplos de ritmos motores. É uma condição necessária que a criança possua anteriormente uma coordenação global dos movimentos para que estes se tornem ritmados.

O ritmo auditivo normalmente é trabalhado em associação com algum movimento. Muitas crianças não percebem os ritmos auditivos a não ser que estejam realmente unidos ao componente motor. Por esta razão as escolas associam os dois e pedem para as crianças cantarem, dançarem, tocarem alguns instrumentos.

O ritmo visual envolve a *exploração sistemática de um ambiente visual muito amplo para ser incluído no campo visual em uma só fixação*. A criança precisa desenvolver uma transferência espaçotemporal. Só o movimento espacial não é suficiente. É necessário que possua uma certa organização de ritmo também. Muitas vezes, seus olhos não leem com ritmo constante, isto é, uma palavra atrás da outra. Eles se fixam em um determinado ponto e não acompanham a fluidez do texto, não percebem a sucessão de elementos gráficos contidos nele e que são traduzidos em elementos sonoros, comprometendo assim a ritmicidade da leitura.

Na escrita, também verificamos o ritmo quando a criança respeita os espaços entre as palavras e quando consegue ordenar as letras dentro da palavra e as palavras nas frases. Uma letra deve suceder a outra. A pontuação e a entonação que acompanham uma leitura e uma escrita são consequências das nossas habilidades rítmicas.

O ritmo envolve, pois, *a noção de ordem, de sucessão, de duração e de alternância,* como dizem De Meur e Staes (op. cit., p. 17).

Fonseca (1988, p. 276) analisa a diferença que existe entre uma gnosia e uma praxia do ritmo:

> A gnosia do ritmo é a capacidade de interiorização da sucessão de sons e a assimilação dos fatores temporais elementares. [...] A praxia do ritmo é a capacidade de reproduzir estruturas rítmicas através de uma noção da evolução dos fenômenos temporais com domínio da sucessão dos elementos constituintes de uma estrutura rítmica homogênea.

A praxia do ritmo, então, para o autor, tem por objetivo *obter dados sobre a capacidade de reprodução dos símbolos rítmicos.*

A educação psicomotora tem muito interesse em trabalhar com os movimentos ritmados, pois, além de ser um dos elementos de expressão dos sentimentos, ainda favorece a eliminação das sincinesias devidas a uma atividade voluntária mal controlada, provocando assim uma independência das partes necessárias ao domínio psicomotor. Além disso, habitua o corpo a responder prontamente às situações imprevistas.

O ritmo permite, também, uma maior flexibilidade de movimentos, um maior poder de atenção e concentração, na medida em que obriga a criança a seguir uma cadência determinada. Um outro fator fundamental é a aquisição de automatismos elementares. A percepção da alternância de tempos fortes e fracos leva à percepção do relaxamento e das pausas. Os exercícios de andar, por exemplo, levam *à materialização da sucessão temporal e suas variações* (PICQ & VAYER, op. cit., p. 39). Esta consciência rítmica depende do desenvolvimento cognitivo, como explica Defontaine (op. cit., v. 4, p. 207):

> *La conscience rythmique dépendant du développement cognitif, il est utile de s'intéresser à una fonctionnement qui participe grandement au développement cognitif: la perception.*

Quando uma criança entra na escola maternal já se supõe que tenha uma coordenação global dos movimentos e uma ritmicidade espontânea. O primeiro objetivo da escola, então, é deixar fluir na criança este seu ritmo natural através de atividades de expressão livre, de jogos lúdicos. A partir daí, o educador deve introduzir tempos ritmados através de danças cantadas, por exemplo.

Le Boulch (1984, p. 182) afirma que *a associação do canto e do movimento permite à criança sentir a identidade rítmica, ligando os movimentos do corpo aos sons musicais*. Estes sons musicais cantados são ligados à própria respiração da criança. Declara também que não se pode confundir esta educação rítmica pois *a atividade psicomotora não tem por objetivo fazer a criança adquirir os ritmos, senão favorecer a expressão de sua motricidade natural, cuja característica essencial é a ritmicidade*.

Finalmente, devem-se introduzir nas manifestações rítmicas das crianças as *estruturas rítmicas*. Elas representam uma ruptura na igualdade de cadência, sempre constante, através da introdução de intervalos diferentes de tempo. A criança começa a perceber o tempo sucessivo. Le Boulch analisa a importância educativa da percepção das estruturas rítmicas (id., p. 195):

> Da mesma forma que a percepção e a representação mental das formas que correspondem às figuras geométricas constituem uma base indispensável na memorização das posições relativas dos objetos no espaço, a percepção das estruturas rítmicas é o suporte de memorização *do sucessivo imediato*.[8]

Podemos pedir para a criança acompanhar um certo ritmo, e depois reproduzir as estruturas rítmicas batendo mãos e pés. A partir daí, iremos introduzir os ritmos escritos, como por exemplo:

.. .
.. .. ..
. .. .
.. .. etc.

---

8. Grifo nosso.

Outras formas de representar as estruturas rítmicas são: 00 00 00, 000 0 000 0 000, ou ainda 0o 0o 0o 0o 0o 0o onde *"0"* é o tempo forte, *"o"* é o tempo fraco e o espaço vazio entre eles é a pausa.

5.3. Dificuldades em estruturação temporal

De Meur (op. cit., p. 40), Santos (op. cit., p. 18), Morais (op. cit., p. 30), Kephart (op. cit., p. 144) e outros fazem uma análise pormenorizada das principais dificuldades que podem advir de uma má orientação temporal.

a) Uma criança com problemas de orientação temporal pode não perceber os *intervalos de tempo,* isto é, não perceber os espaços existentes entre as palavras. Não percebe também o que vai mais depressa e mais devagar. Normalmente esta criança escreve as palavras de forma ininterrupta, sem espaço entre elas, além de misturar os fatos.

b) A criança pode apresentar *confusão na ordenação e sucessão* dos elementos de uma sílaba, isto é, não percebe o que é primeiro e o que é último, não se situa *antes* e *depois*. Estas noções são importantes porque sem elas a criança tem dificuldade em iniciar seu gesto no lugar certo. Por exemplo, na formação das palavras, escreverá inicialmente a segunda letra antes da primeira. Escreve *porblema*, em vez de *problema,* pois distorce a sequência gráfica (questão de espaço) de movimentos e não distingue o som da letra *r* como vindo antes (noção temporal). Este problema diz respeito ao tempo e ao espaço concomitantemente.

A criança não se organiza, também, na direção esquerda-direita. Possui, muitas vezes, dificuldade na retenção de uma série de palavras dentro da sentença e de uma série de ideias dentro de uma história.

c) Pode haver problema de *falta de padrão rítmico constante.*

A falta de ritmo motor ocasiona uma falta de coordenação na realização dos movimentos. A criança se movimenta, anda, corre, por exemplo, num intervalo de tempo inconstante, isto é, não coordena muito bem o ritmo dos braços em relação às pernas.

O ritmo auditivo normalmente está ligado ao motor, pois se estuda junto com os movimentos de dança, de jogos e é mais difícil detectar.

Uma criança que tenha falta de padrão rítmico visual, ao ler algum trecho, seus olhos "grudam" em um canto da página e não se movem visualmente nem para a frente nem para trás, tornando a leitura pobre e comprometida.

d) Dificuldade na organização do tempo. A criança não prevê suas atividades. Demora muito em uma tarefa e não consegue terminar as outras por "falta de tempo". Muitas vezes não tem noções de horas e minutos.

e) Uma *organização espaçotemporal inadequada* pode provocar também um fracasso em matemática, pois os alunos precisam ter noção de fileira e coluna para organizar os elementos de uma soma.

Em cálculo, não percebem os números que faltam. Ex.:

$$\begin{array}{r} 250 \\ -\ 22 \\ \hline \end{array}$$

Eles podem apresentar, também, má utilização dos termos verbais. A criança deve saber distinguir: "ontem eu *fui* ao cinema" de "amanhã *irei* a..."

f) Dificuldades em *representação mental sonora*. As crianças se "esquecem" da correspondência dos sons com as respectivas letras que os representam, especialmente quando se trata de realizar ditados.

g) Kephart ressalta ainda uma outra dificuldade que uma criança pode apresentar quando tem desenvolvida só a orientação espacial ou só a temporal.

Quando ela desenvolveu as estruturas espaciais, mas não tem ainda as temporais, torna-se uma "repetidora de palavras". Isto evidencia que reconhece as relações espaciais existentes na página, identifica as palavras, mas não consegue integrá-las no tempo; elas ficam separadas e, portanto, a criança não percebe o sentido. Acaba, consequentemente, compreendendo muito mal o conteúdo. Sua escrita também fica comprometida, pois esta envolve uma sequência de acontecimentos no tempo. A criança apresenta, então, inversões, omissões e adições.

Quando a criança é organizada no tempo, mas não no espaço, torna-se uma leitora pobre, demora muito tempo para ler e, portanto, fica muito dependente do contexto. Muitas vezes substitui sinônimos que preservam o contexto, mas não reproduz o que está na página. *Ela odeia ler, mas assimila um vasto número de informações auditivas, as quais pode manipular com grande facilidade. Sequências complexas não lhe causam problema, mas exibições visuais simples frustram-na* (KEPHART, p. 156).

6. DISCRIMINAÇÃO VISUAL E AUDITIVA

> *Ser capaz de ouvir não significa necessariamente ser capaz de escutar, ser capaz de ver não significa necessariamente ser capaz de olhar.*
> Myklebust

A importância da discriminação auditiva e visual já foi citada em diversos momentos de nosso trabalho. Só nos resta, portanto, complementar essas noções tão essenciais para a aprendizagem da leitura e escrita.

A leitura de um texto exige uma sucessão de movimentos oculares coordenados, ritmados, orientados da esquerda para a direita, como declara Valett (1989, p. 21):

> A prontidão para a leitura exige a organização de sistemas sensoriais diferentes, incluindo a integração de dados e informações visuais experimentados através da convergência ocu-

lar, direção e orientação espacial e sugestões perceptivas de sombra, cor, forma, matriz e relações contextuais.

Um aparelho auditivo e visual íntegro é um pré-requisito muito importante para a aprendizagem da leitura e da escrita. Mas só isto não é suficiente. É claro que se uma criança não enxerga e não escuta bem por motivo de algum déficit visual ou auditivo não conseguirá desenvolver as habilidades de leitura e escrita, mas também não conseguirá se desenvolver em muitos outros aspectos. Mas, estas dificuldades ligadas à visão e à audição deixaremos para os especialistas no assunto resolverem.

A preocupação aqui é com a criança que enxerga e ouve bem, mas que não consegue discriminar corretamente os sons ou as formas. A criança, portanto, não tem defeito visual ou auditivo, só não consegue transmitir informações exatas ao sistema motor. É necessário que a criança adquira o controle ocular. Isto significa que deve procurar seguir um objeto, ou, ainda, direcionar seu olhar para as mãos quando estas estão em contato com o objeto. Na escrita, por exemplo, os olhos devem "seguir" as mãos que escrevem e procurar uma coordenação oculomanual. Muitas vezes se verifica um movimento anárquico do olhar.

6.1. Discriminação visual

Quando uma criança nasce, seus neurônios ligados à retina estão ainda muito imaturos. Ela só reage à luz muito forte, não percebe as nuanças luminosas. As informações visuais que seus receptores externos levam ao córtex cerebral são geralmente distorcidas e muitas vezes fluidas.

Com o amadurecimento do sistema nervoso, seu aparelho visual vai também amadurecendo e a criança vai conseguindo distinguir os objetos e pessoas de seu meio de maneira satisfatória. Ela consegue isto através da associação com outros dados receptores. Mas só isto não é suficiente. A criança precisa também aprender a *controlar* o movimento de seus olhos. Ela precisa ser capaz de dirigi-los para um determinado ponto, precisa direcioná-los *intencionalmente* para algum lugar. Para isto precisa ter um *controle rigoroso e preciso dos músculos ex-*

traoculares. Kephart (op. cit.) afirma que o problema é aprender a controlar um mecanismo que está trabalhando com perfeição. Isto significa que, mesmo com uma estrutura muscular do olho perfeita, é necessário *construir um padrão de impulsos neurológicos* que a capacitará a controlar este mecanismo com precisão, que a auxiliará a desenvolver uma maior percepção visual. Valett chama isto de acuidade visual e define como (op. cit., p. 145):

> A acuidade visual é a capacidade de ver e diferenciar objetos apresentados no seu campo visual com significado e precisão. O que a pessoa vê é o resultado de um processo psicofísico que integra forças gravitacionais, ideação conceitual, orientação perceptivo-espacial e funções da linguagem.

Outra habilidade que a criança precisa desenvolver é a retenção dos símbolos visuais apresentados, tais como letras, palavras, sinais de pontuação; isto é, deve desenvolver a *memória visual*. Esta desempenha um papel muito importante para que a criança tenha condições de *formar uma imagem visual das palavras, o que facilita o reconhecimento rápido e instantâneo dos símbolos impressos durante a leitura* (MORAIS, op. cit., p. 31). É pela memória visual que uma criança consegue discernir letras que possuem o mesmo som, como por exemplo (fornecido por Morais) *sa* que pode ser representado por *ssa* como por *ça*. A palavra a ser escrita deve estar retida em nossa memória visual.

A partir do momento em que a criança tem condições de discriminar as diversas letras, integrar os símbolos, desenvolver a memória visual, ela atinge a etapa de *organização visual. O aspecto perceptivo-linguístico, chave da organização visual, é a integração significativa do material simbólico com outros dados sensoriais*, diz Valett (op. cit., p. 131).

Uma criança que possua discriminação visual pobre pode apresentar uma maior incidência na confusão de letras simétricas como, por exemplo, na forma das letras *d* e *b, n* e *u, p* e *q*.

Outro tipo de troca pode ser registrada quanto às letras que diferem em pequenos detalhes: *o* e *e, f* e *t, c* e *e, h* e *b, a* e *o*.

Morais (op. cit.) cita algumas palavras que também podem ser sujeitas a confusões, por possuírem configurações gerais semelhantes. Ex.: "o homem *toi* ao cinema" em vez de "o homem foi ao cinema", "preto em vez de prato". Ele explica que esta confusão se dá porque a criança não percebe os detalhes internos das palavras.

Muitas crianças podem, também, apresentar supressão de letras e deformações em letras aglutinadas. A leitura se torna lenta, hesitante e normalmente com voz monótona. Uma cópia de um texto é caracterizada por muitos erros, por uma disortografia que não permite a compreensão do que lê. Ela não consegue escrever porque não é capaz de ler.

Outro problema registrado decorrente de uma discriminação visual pobre é a movimentação dos olhos de forma desordenada, pois as crianças não conseguem mantê-los na mesma direção quando leem. Acabam lendo várias vezes as mesmas linhas sem perceber, ou pulam frases inteiras, numa verdadeira falta de controle ocular.

6.2. Discriminação auditiva

Como já afirmamos, o déficit auditivo não se inclui em nosso estudo, foge ao nosso conhecimento e campo de trabalho. Nós, como educadores, devemos nos preocupar com a *discriminação auditiva* que é passível de aprendizagem e na qual temos realmente um papel muito importante. Podemos proporcionar aos nossos alunos exercícios de atenção auditiva e concentração que irão ajudá-los a melhor discernir sons acusticamente próximos.

Esta capacidade de responder aos estímulos auditivos é o resultado de uma integração das experiências com a organização neurológica. Os nossos receptores auditivos têm que ser capazes de mandar as estimulações sonoras para o cérebro que processará, selecionará e armazenará as informações na memória. Se estas informações forem distorcidas, o cérebro também processará informações distorcidas. A discriminação auditiva está muito ligada à atividade motora, mais precisamente com a escrita e particularmente o ditado. Morais afirma (1986, p. 36):

> Uma perfeita discriminação auditiva pressupõe uma acuidade auditiva íntegra, mas uma acuidade auditiva íntegra não implica na perfeita discriminação dos sons.

Estes dois termos, *discriminação* e *acuidade auditiva,* têm sido empregados por muitos autores como significando a mesma coisa. Morais faz uma distinção. Discriminação auditiva, para ele, pode ser definida como a *capacidade de se perceber e discriminar auditivamente e sem ambiguidade todos os sons existentes na língua falada*. Pelo dicionário de psicomotricidade de Hurtado (1991) a *discriminação auditiva* significa a capacidade de sintetizar os sons básicos da linguagem, a habilidade de perceber a diferença existente entre dois ou mais estímulos sonoros.

Acuidade auditiva seria a capacidade do indivíduo de captar e notar a diferença entre vários sons e entre intensidades diferentes. Capacidade de captar e diferenciar sons e a intensidade e a altura que lhes correspondam.

Um professor desde cedo deve auxiliar os alunos a saber discriminar os sons dentro da linguagem oral. Quando forem aprender a ler terão que associar o som percebido a uma grafia. É necessário que para isto eles tenham verdadeiramente uma boa discriminação auditiva, além de uma capacidade de simbolização, decodificação e memorização. Quando as crianças decodificam, estão dando um significado a muitos sons que ouviram.

A memória auditiva é também muito importante, pois favorece a retenção e recordação das palavras captadas auditivamente. Muitas crianças têm dificuldades de discriminação porque se esquecem do som que as letras representam.

Morais (1986, p. 68), Condemarín e Blomquist (1988, p. 22) apresentam as principais letras que são passíveis de serem confundidas pelo som pela criança que não tenha uma discriminação auditiva satisfatória:

Trocas de F por V; B ou J (foi por voi, ou joi)
    P por B (ponte por bonte)
    CH por J, V (chapa por japa)
    D por B, ou T (dado por bado ou tado)
    T por D (tatu por dadu)
    S por Z (sonho por zonho)
    C por G (cartaz por gartaz)

    Algumas vogais nasais (exemplo; an, en, in, on, un) também são confundidas pelas orais correspondentes (a, e, i, o, u); exemplos: então (etão); inverno (iverno).

CAPÍTULO III
APRENDIZAGEM DA LEITURA E ESCRITA

> *Para melhor conhecer a criança é preciso aprender a vê-la. Observá-la enquanto brinca: o brilho dos olhos, a mudança de expressão do rosto, a movimentação do corpo. Estar atento à maneira como desenha o seu espaço, aprender a ler a maneira como escreve a sua história.*
> Ana Angélica A. Moreira

O saber ler e escrever tornou-se uma capacidade indispensável para que o indivíduo se adapte e se integre no meio social. O homem sempre teve necessidade de se comunicar graficamente desde tempos mais remotos.

No período da pré-história, por exemplo, as mensagens eram escritas nas paredes das cavernas. Os escritos deixados pelos egípcios são verdadeiros atestados da grandiosidade do povo, de seus costumes, seus valores, suas crenças. E nós continuamos a registrar nossa história continuamente.

A leitura e a escrita são algumas das formas de comunicação e expressão entre as pessoas. Mas não se pode falar delas isoladamente, pois ambas constituem manifestações da linguagem.

1. O PAPEL DA LINGUAGEM

A aquisição da linguagem desempenha um papel decisivo na compreensão do mundo e na transmissão de valores pessoais, sociais e culturais. A criança utiliza o código da linguagem para formular seus sentimentos, suas sensações e valores, para transmitir e receber as informações. Depende muito do meio em que está inserida, de seus contatos sociais e de sua exercitação e treino.

Cada povo, em cada época, teve uma linguagem característica, própria, sua. Podemos nos comunicar através de gestos, de movimentos, de olhares, de sons, através da expressão de uma emoção, do silêncio, da fala. Iremos estudar especificamente a fala como um meio de expressão da linguagem interior e, através dela, a aquisição da leitura e da escrita.

Ajuriaguerra (1984a), Le Boulch (1982), Launay e Borel-Maisonny (1986) e outros autores distinguem duas etapas na aquisição da linguagem: *pré-linguística* (até dez meses de idade, normalmente) e *linguística ou semiótica* (a partir desta idade).

Aos dois meses, na etapa pré-linguística, a criança apresenta gestos e mímicas descoordenados que não têm qualquer significação de linguagem. Aos três ou quatro meses, mais ou menos, ela emite alguns ruídos conhecidos como *lalação,* que também não fazem parte da língua falada. São somente alguns sons juntos de tonalidades diferentes que a criança aprende a reproduzir. Aparecem normalmente quando ela está com alguma sensação de bem-estar.

A partir de doze meses, na etapa linguística, já com um certo nível de desenvolvimento psicomotor, a criança passa a desenvolver uma linguagem que, para Launay (p. 19), é *preparada pelo conjunto das comunicações não verbais do primeiro ano de vida.*

Neste período, a criança utiliza as primeiras palavras, através da imitação da linguagem do adulto, que representa para ela um modelo, um ponto de referência neste mundo da palavra falada. A criança repete sílabas e sons que normalmente não possuem nenhum sentido para ela *(ecolalia).* Inicialmente, emite frases de duas palavras; posteriormente, pronuncia frases completas, sem conjugação ou concordância. Pouco a pouco vai evoluindo em sua comunicação com o outro, construindo frases que demonstram uma aquisição das estruturas gramaticais básicas.

É necessário, para o desenvolvimento da linguagem, que a criança possua necessidade de falar, que seja suficientemente estimulada. Percebemos muitas crianças que não "precisam" emitir palavras, pois, ao simples apontar de dedo, as mães correm para atender seus desejos. Elas não têm necessidade de se esforçar. Como consequência, sua linguagem torna-se cada vez mais pobre e limitada. As trocas verbais entre mãe e filho são inexistentes e a linguagem verbal da criança fica estagnada e defasada em relação às outras crianças. Mais tarde, quando for aprender a ler e a escrever, poderá apresentar um pouco mais de dificuldade.

Na faixa de um ano e meio a dois anos, a criança percebe que as palavras são símbolos e que servem para designar os objetos, as situações, as sensações. Le Boulch (1984a, p. 66), a este respeito, afirma:

> Primeiro é a percepção do objeto ou da situação vivenciada que induz a palavra; mais tarde, a percepção da palavra trocará o objeto ou a situação pela representação mental. É nesta fase que o símbolo verbal se tornará o verdadeiro signo sonoro, através do qual a criança exercerá verdadeiramente sua função simbólica.

Condemarín e Chadwick (1987) fazem uma distinção entre *signo* – que definem como a representação direta de um fato, como por exemplo as pegadas deixadas por uma gaivota na areia – e *símbolo* – no qual a relação é indireta e convencional, isto é, aceita pelo grupo, como por exemplo uma bandeira. A nossa comunicação escrita, portanto, *representa determinadas convenções que dão origem a grafismos e que mantêm uma relação indireta com o significado passando a constituir símbolos*.

O símbolo para Le Boulch, no sentido estrito do termo, representa uma coisa, um "significado" qualquer, por meio de um "significante". O símbolo, portanto, pode ser um objeto, um acontecimento, uma pessoa, uma situação. A função simbólica pode ser designada como a relação existente entre significantes e significados. Tem suas raízes na atividade sensório-motora. *Todo objeto corresponde permanentemente a um complexo sonoro que o simboliza e que serve para designar e comunicar*, diz Santos (1987, p. 110).

De uma forma progressiva e gradual, a criança vai formando o mundo das palavras e dos conceitos, vai entendendo o que lhe falam e vai conseguindo se fazer entender. Cada nome corresponde a uma representação gráfica e pode ser escrito. O sistema simbólico linguístico é assimilado progressivamente pelo contato com o meio.

O vocabulário da criança, inicialmente reduzido, vai obrigá-la a usar as mesmas palavras para objetos, pessoas e situações diferentes. Ela vai descobrindo propriedades comuns e as classifica segundo essas mesmas propriedades. Com o tempo vai discriminando e diferenciando um do outro num verdadeiro trabalho mental. A importância da linguagem neste trabalho mental é salientada por Poppovic (1975, p. 30):

> A linguagem tem um papel decisivo na mediação dos processos mentais, pois graças a ela é possível generalizar, pensar logicamente, adquirir, reter e selecionar conceitos; desta forma, ir criando novos sistemas funcionais. É através da linguagem que a criança pergunta, procurando ajuda dos outros para aprender o nome dos objetos, as categorias nas quais ordenará o mundo.

Para Poppovic, um bom aparelho fonador e auditivo não é suficiente para auxiliar uma criança a falar. Existem outras funções igualmente importantes, como a percepção visual, coordenação motora, orientação espacial, noção de esquema corporal e estruturação temporal. A fala para ela é um *ato motor organizado,* e exige, além de uma adequada percepção auditiva e visual, um conhecimento e controle do corpo, através das posturas e gestos; uma orientação espacial que lhe facilite sua movimentação; uma coordenação adequada para a compreensão dos conceitos verbais; uma capacidade de simbolização; uma estruturação temporal que permite à criança adquirir o ritmo e as sequências para uma emissão da fala mais fluida.

Para Ajuriaguerra (1980, p. 298) existe na linguagem uma lógica interna de organização. Ele cita Piaget e Inhelder (p. 299), que afirmam ser a linguagem uma condição necessária, mas não suficiente para a formação das estruturas de classes e de relações. Para Piaget, a formação do pensamento e a aquisição da linguagem supõe uma *representação* e pertence ao processo da constituição da função simbólica. A linguagem, portanto, é constituída por um conjunto de símbolos e de sinais que facilitam a representação gráfica. Piaget (in: AJURIAGUERRA, op. cit., p. 299) diz que a linguagem abre um *campo de* possibilidades, é uma afirmação do mundo dos objetos, uma autoafirmação diante deles.

Concordamos com Launay (1986, p. 3) quando diz:

> A linguagem é ao mesmo tempo uma *função* e um *aprendizado*: uma função no sentido de que todo ser humano normal fala e a linguagem constitui um instrumento necessário para ele; um aprendizado, pois o sistema simbólico linguístico que a criança deve assimilar é adquirido progressivamente pelo contato com o meio. [...] A linguagem é um aprendizado cultural e está ligada ao meio da criança.

A criança deve ser capaz de comunicar-se com os outros *verbalmente,* de forma compreensível. Existem, porém, muitos fatores que podem dificultar o desenvolvimento de uma boa linguagem. Os mais graves, considerados patológicos, dizem respeito à incapacidade ou dificuldade de articulação de palavras e que podem ser consequência de lesões cerebrais. Algumas crianças apresentam distúrbios de ordem fonética, dificuldades em pronunciar corretamente as palavras. Outras apresentam problemas de audição, provocando problemas de linguagem.

Normalmente, uma criança que não domina muito bem a linguagem, ou que é alfabetizada em duas línguas concomitantemente, poderá apresentar alguma dificuldade na aprendizagem da leitura e escrita. Como já dissemos, existem muitas mães que se limitam a uma comunicação não verbal e pobre com seus filhos. Estes não irão "experienciar" uma linguagem comunicativa. É por isto que se fala que antes da aprendizagem da leitura e escrita deveria vir uma fase em que se ajudasse a criança a utilizar mais a linguagem.

2. A LEITURA E A ESCRITA COMO MEIOS DE COMUNICAÇÃO

Iniciaremos este tópico citando Poppovic (op. cit., p. 33):

> A própria língua interior, isto é, a fusão da fala e pensamento (ou seja, comunicação consigo mesmo) é que permite a aquisição de novas etapas no desenvolvimento da linguagem que são a leitura e a escrita.

A linguagem oral da criança, portanto, tem uma grande responsabilidade na aquisição da leitura e da escrita. Para Vayer (1982) a verdadeira comunicação se processa através de três níveis que se sucedem no tempo e são dependentes uns dos outros: no nível tônico-afetivo verificamos as primeiras comunicações mãe-filho. Se forem bem-sucedidas e bem vivenciadas, facilitam o aparecimento do nível gestual que, consequentemente, auxilia a desenvolver e tomar uma significação a comunicação verbal. Esses três níveis andam lado a lado. Somente a linguagem verbal não é suficiente para uma maior compreensão das mensagens e a realização das trocas interpessoais. Existem, portanto, diferentes tipos de linguagem: das atitudes e dos gestos, as musicais, as esportivas, as gráficas, as verbais, as escritas. Nós nos fixaremos nessas três últimas, focalizando a leitura e a escrita como algumas formas de expressão da linguagem.

3. LINGUAGEM GRÁFICA

Anterior à leitura e à escrita situa-se a *linguagem gráfica,* que é uma forma de comunicação e expressão. De início a criança desenha pelo prazer de desenhar, realiza traços e riscos, verdadeiras "garatujas" que ninguém entende. Moreira (s/d, p. 28) declara que nesta fase elas não têm *compromisso com representação de qualquer espécie.*

Essas garatujas iniciais são longitudinais e os traços bem desordenados. À medida que vai havendo um maior amadurecimento visomotor, a criança vai conquistando novas estruturas de movimento e as garatujas se tornam mais arredondadas, espiraladas. Por último surgem as bolinhas. Ela não acalca mais o papel a ponto de rasgá-lo, ou desenha tão clarinho que não se enxerga, mas passa a adquirir um maior controle da tonicidade de seus músculos e dos instrumentos que utiliza, como o lápis, borracha, tinta.

Começa a surgir ainda na etapa da "garatuja" um *esboço de representação, o início de uma necessidade de nomear os desenhos. A garatuja assume, em seguida, um novo aspecto. Começa a adquirir o caráter de jogo simbólico* (Id., p. 32). A criança procura *representar* suas ações, os objetos que lhe são caros, as pessoas de seu meio ambiente. Vemos constantemente algumas de suas "garatujas" significando sua mãe, sua boneca, seu carrinho, sua casa.

A sequência das formas e significados do desenho são descritas por Moreira (Id., p. 36) de forma bem clara:

> Este desenho-jogo simbólico vai se modificando, conquistando novas formas. Vão aparecendo figuras fechadas, com inscrições dentro e fora. Começam a surgir os primeiros bonecos, quase girinos. Não existe qualquer organização destas figuras no espaço.

A partir desta fase, a criança se utiliza do traço e do desenho para transmitir cada vez mais as informações e se manifestar. *Ela passa a manipular símbolos que representam o ambiente,* diz Phillips (in: MOREIRA, p. 46), e portanto passa a assumir um compromisso com o real. Ela retrata o seu mundo real e tenta tornar o seu desenho o mais semelhante possível.

Vayer (op. cit., p. 55) diz ser a atividade gráfica o *primeiro meio construído de comunicação.* A linguagem gráfica é, portanto, em primeira instância, uma atividade gestual. Vayer acrescenta ainda:

> Através da ação gráfica, ela (a criança) adquire a capacidade de representar os objetos de sua ação, depois de diferenciá-los, os simbolizar; esta representação, que não é reconhecida somente por ela, mas por outras pessoas, constitui uma linguagem inseparável daquela que lhe deu nascimento, a linguagem da ação. Como em toda linguagem, a criança reconhece

as significações e decifra a mensagem, antes mesmo de ser capaz de as formular.

O desenho é o primeiro meio gráfico que sofre o julgamento do adulto. Este tenta desde cedo corrigir seus desenhos mostrando como podem ser feitos.

Saint-Exupéry, em sua obra *O pequeno príncipe*, descreve o exemplo de uma criança que mostrava seu desenho de uma serpente engolindo um elefante a diversos adultos. Estes, por sua vez, não compreendendo sua mensagem, aconselharam-na a abandonar essa atividade para se dedicar a outras como geografia, história, cálculo. Encerrou-se aí toda a tentativa de ela se expressar através do desenho. Isto não acontece somente em histórias de ficção. Na nossa vida quotidiana existem, também, muitas crianças que se veem bloqueadas em suas primeiras manifestações gráficas e acabam mudando seu desenho, e as cores que empregam, por outro que não tem muito significado para elas.

Isto é um erro, pois o desenho é um meio que elas utilizam para expressar seus sentimentos, transmitir informações sobre elas mesmas.

Para Mário de Andrade (in: MOREIRA, p. 18) *o desenho fala, chega mesmo a ser uma espécie de escritura, uma caligrafia.*

Moreira acredita que o desenho sofre uma ruptura quando a criança entra para uma escola maternal. Ela critica a posição de muitas escolas que dão ênfase somente ao ensino acadêmico e acabam desestimulando o desenho livre do aluno. Ela acrescenta (p. 67):

> A criança que deixa de desenhar ao entrar na escola, porque deixa de brincar, [...] está deixando uma forma de expressão que é sua, para seguir um padrão escolar imposto [...] [A alfabetização] despreza assim a linguagem da criança que se expressa através do desenho e do jogo e procura equipá-la com uma linguagem ensinada [...] A mecânica da alfabetização implica que a criança abandone a sua escrita e adote uma escrita aprendida, convencional.

Não nos parece que a escrita "aprendida, convencional" realmente faça com que a criança abandone a "forma de expressão que é sua", sua linguagem interior. A nosso ver, a escrita não precisaria necessariamente ser mecânica e massificadora. Ela pode ser mais uma das formas de estimular os processos de pensamento e imaginação. Ela pode se tornar criativa.

4. LEITURA

A leitura significa muito mais do que um simples processo pelo qual uma pessoa decifra os sinais ou símbolos – como, por exemplo, as palavras e as letras – e reproduz o som. Ela sabe ler quando compreende o que lê, quando retira o significado do que lê, interpretando os sinais escritos. Existem crianças que conhecem as letras, mas não leem.

No início da leitura, a criança deve diferenciar visualmente as letras impressas e saber perceber que cada símbolo gráfico corresponde a um determinado som. A escrita é composta por uma sequência de letras que são os símbolos gráficos e que correspondem a uma sequência sonora também. A criança deve poder realizar esta correspondência para poder ler. Morais (1986, p. 17) explica de forma bastante clara esta associação:

> Este processo inicial da leitura, que envolve a discriminação visual dos símbolos impressos e a associação entre Palavra impressa e Som, é chamado de *decodificação* e é essencial para que a criança aprenda a ler. Mas, para ler, não basta apenas realizar a decodificação dos símbolos impressos, é necessário que exista, também, a *compreensão e a análise crítica do material lido*. [...] Sem a compreensão, a leitura deixa de ter interesse e de ser uma atividade motivadora, pois nada tem a dizer ao "leitor". Na verdade, só se pode considerar realmente que uma criança lê quando existe a compreensão. Quando a criança decodifica e não compreende, não se pode afirmar que ela está lendo.

Para que uma criança adquira a leitura é necessário que possua, além da capacidade de simbolização, de verbalização, de desenvolvimento intelectual, algumas habilidades pessoais essenciais. Ela deve possuir capacidade de memorização e acuidade visual, coordenação ocular, mínimo de atenção dirigida e concentração, um mínimo de vocabulário e de compreensão, noção de lateralidade, pois a nossa escrita se faz linearmente da esquerda para a direita. Além disso, deve possuir também orientação espacial e temporal. As palavras se sucedem num espaço e tempo determinados. *A leitura, tal como a expressão oral, se desenvolve sobre um molde de frases ritmomelódicas* (PICHON e B. MAUSONNY, in: AJURIAGUERRA, 1980, p. 314). A criança não pode apresentar problemas sérios de articulação de palavras.

A automatização dos mecanismos de leitura irão facilitar a produção gráfica.

5. ESCRITA

A escrita pressupõe, também, um desenvolvimento motor adequado, através de habilidades que são essenciais para seu desenvolvimento. Podemos citar a coordenação fina que irá auxiliar numa melhor precisão dos traçados, preensão correta do lápis ou caneta, bom esquema corporal, boa coordenação oculomanual. Além disso a criança deve possuir uma tonicidade adequada que irá determinar um maior controle neuromuscular e consequentemente determinará uma maior capacidade de *inibição voluntária.* A *inibição voluntária* é a capacidade de parar o gesto no momento em que se quer ou precisa. A rotação do pulso ao escrever e a posição da folha também devem ser considerados, para não haver um maior dispêndio de energia e não provocar dores musculares no braço. Além disso, a criança necessita de uma organização no espaço gráfico, em termos de orientação espacial e temporal.

A escrita é um ato motor que mobiliza diferentes segmentos do corpo.

A escrita das crianças é verificada principalmente através da cópia, do ditado e das redações ou composições livres. Basta que a criança tenha uma boa acuidade visual para transportar símbolos impressos, uma coordenação fina razoável, postura correta para escrever, para realizar uma *cópia*. Ela não precisa saber ler para copiar.

Poder-se-ia pensar que a cópia não possui nenhuma validade, a não ser a puramente mecânica do ato de escrever. Isto não é verdade, como o comprovam Condemarín e Chadwick (1987, p. 168). A prática da cópia nas realizações acadêmicas é muito importante, pois facilita uma tomada de consciência (pela criança) das letras, dos espaços entre as palavras, da pontuação, dos sinais de expressão e da captação da sequência das letras dentro da palavra. Além disso, a cópia permite praticar e desenvolver uma melhor coordenação fina no sentido de auxiliar as "destrezas caligráficas das formas específicas de cada letra". Auxilia, também, a percepção do tamanho, da proporção, do alinhamento e da inclinação das letras.

A cópia também favorece, além dos mecanismos de memorização, por seu caráter cinestésico-motor,

> [...] a familiaridade da criança com diversas modalidades de estruturação das palavras nas frases e orações. A linguagem escrita possui uma sintaxe que lhe é própria e que nem sempre reproduz a fala, como é o caso dos relatos de experiência (id., p. 182).

A nosso ver, temos que tomar cuidado quando pedimos a realização das cópias indiscriminadamente. Elas podem se tornar terrivelmente desestimulantes para a criança quando dadas sem nenhum propósito, apenas a "cópia pela cópia". Não deixa de ser um ato mecânico quando não é bem administrada. Os textos têm que ser agradáveis e estimular os alunos a se interessarem pela sua realização.

A cópia deve ser praticada *concomitantemente* com o ensino de escrita e leitura e não isoladamente. Isto não teria nenhum significado para a criança. Soaria mais como um castigo do que uma aprendizagem.

Normalmente o aluno tem mais dificuldade em realizar o ditado do que a cópia. No *ditado*, ele necessita ter, de antemão, uma representação gráfica do conteúdo, uma representação auditivo-verbal. Morais (op. cit., p. 18) faz uma análise muito interessante sobre o *ditado:*

> [...] as palavras ditadas oralmente pela professora devem ser discriminadas e diferenciadas auditivamente pelo aluno, depois são associadas aos significados, à sua forma gráfica (letras e sílabas que compõem a palavra ouvida e seus respectivos traçados) e são escritas, devendo-se respeitar a orientação temporoespacial.

O ditado, portanto, é um treino de acuidade auditiva, pois a criança precisa se concentrar para diferenciar os sons emitidos pelo professor. Sua atenção terá que ser seletiva se quiser conseguir reproduzir graficamente a linguagem oral. Condemarín e Chadwick (op. cit., p. 184) veem outras vantagens na realização do ditado, como exercitar a memorização das palavras, orações e frases, além de proporcionar um maior aprendizado do vocabulário. Elas afirmam que

> [...] o ditado também é uma prática importante, não só para os alunos com dificuldades de aprendizado na leitura e escrita como também para as crianças que tendem a utilizar formas dialetais de comunicação. Nestas formas, geralmente efetuam-se mudanças tônicas, omissões, aglutinações ou contrações sintáticas (vê-lo por vêlo).

Na *redação,* o aluno se encontra mais livre para elaborar as palavras e os pensamentos, pois, como diz Morais (op. cit., p. 18): *as palavras são elaboradas mentalmente, associadas aos respectivos sons, aos significados, à forma gráfica e escritos.*

Normalmente, deve-se aprender a ler e a escrever concomitantemente. A leitura, entretanto, antecede a escrita. Se uma criança não aprendeu a ler, dificilmente escreverá, pois as palavras que escreve não têm correspondência sonora e, portanto, são incompreensíveis.

CAPÍTULO IV
DIFICULDADES DE APRENDIZAGEM

Frequentemente verificamos que existe uma porcentagem significativa de crianças que têm encontrado dificuldades em acompanhar o desempenho acadêmico e as exigências escolares. Como consequência desses fracassos, surgem as desadaptações, e, com elas, a ansiedade e problemas emocionais.

Esta frustração continuada leva as crianças a deixarem o sistema educacional. Abandonam as escolas, entretanto, com a sensação de perda, de fracasso, com o sentimento de que são incapazes de assimilar qualquer coisa que seus professores se proponham ensinar. Ou então, como falamos anteriormente, são encaminhadas para os diferentes profissionais que "de fora" tentam fazer seu reajuste e sua reintegração aos bancos escolares.

Wallace e McLoughlin (1975, p. 7) afirmam que as crianças com dificuldades de aprendizagem possuem um "obstáculo invisível", pois apresentam-se normais em vários aspectos, exceto pelas suas limitações no progresso da escola.

Existe uma concordância de opiniões entre os pesquisadores de que se devem investigar os motivos que levam uma criança a não aprender. Eles divergem, entretanto, quando começam a discutir as causas e a relevância de um fator sobre o outro. Considerando os estudos de Morais (1986), Coles (1987), Brueckner e Bond (1980), Ajuriaguerra (1980), Jonhson e Myklebust (1983), Pain (1989), Poppovic (1975) e outros, poderíamos apresentar, como mais frequentes, as seguintes causas:

a) fatores intraescolares como inadequação de currículos, programas, sistemas de avaliação, relacionamento professor-aluno, métodos de ensino inadequados;

b) deficiência mental;

c) problemas físicos e/ou sensoriais (déficits auditivos e visuais);

d) linguagem deficiente;

e) problemas emocionais;

f) aspectos carenciais da população (saúde, nutrição);

g) diferenças culturais e/ou sociais;

h) falta de estimulação adequada nos pré-requisitos necessários à alfabetização;

i) falta de maturidade para iniciar o processo de alfabetização;

j) "dislexia";

k) deficiências não verbais.

Tudo indica que os problemas de aprendizagem são multideterminados, isto é, são devidos a uma associação de causas. Segundo Johnson e Myklebust (op. cit., p. 174), muitas crianças de *inteligência média aprendem a ler através de qualquer método* e outras, ainda, apesar deles.

Normalmente quando se fala em dificuldades de aprendizagem está se referindo às dificuldades acadêmicas como leitura, escrita e aritmética. Neste trabalho estaremos focalizando especificamente a leitura e a escrita.

Morais (op. cit., p. 24) afirma que a aprendizagem da leitura envolve diversas habilidades – como as linguísticas, perceptivas, motoras, cognitivas – e por esta razão não se pode atribuir a nenhuma delas isoladamente a responsabilidade pelas desadaptações da criança na escola. É preciso, portanto, descobrir em qual área ela se encontra mais comprometida.

As causas prováveis das dificuldades de aprendizagem apontadas acima podem ser organizadas e agrupadas como se segue:

1. ESCOLA

A escola tem como objetivo a integração da criança na sociedade facilitando seu acesso ao mundo dos adultos. Verificamos, porém, que este objetivo está cada vez mais esquecido. Ela tem selecionado duramente as crianças que têm menos facilidade de aprender. Muitas vezes são as que mais precisariam dela, pois são provenientes de um meio sociocultural menos privilegiado.

A escola também segrega as crianças que já estão suficientemente segregadas devido ao meio sócio-econômico-cultural. Acaba reproduzindo os mesmos controles da sociedade e com isto "expulsa" dos meios de comunicação e cultura crianças que têm maior dificuldade em se comunicar.

Vemos muitos professores com programas, procedimentos de ensino, materiais de instrução totalmente inadequados e desestimulantes e, principalmente, carentes da flexibilidade necessária para adaptar os objetivos do ensino às diferenças individuais dos alunos. Muitas das atividades em sala de aula são sem sentido para a criança e com isto as aprendizagens tornam-se difíceis e desestimulantes.

Frequentemente, os professores se queixam de que seus alunos não possuem estimulação necessária à alfabetização e que isto interfere no ensino. Em vez de culpar seus alunos, os docentes devem procurar desenvolver as capacidades dos mesmos levando-os a sentirem a necessidade de valorizarem os instrumentos da cultura e valorizar as atividades que se relacionam com ela.

O relacionamento professor-aluno também é outro fator que pode influenciar o processo ensino-aprendizagem. O professor tem que ser aberto às perguntas e indagações dos alunos e tratá-los com respeito, não importa a idade em que estejam. As classes superlotadas também podem dificultar o conhecimento mais individualizado que o educador poderia ter em relação à sua classe.

Eles se portam, porém, mais como "cães de guarda" do que como educadores. Através do controle rígido, vão selecionando e punindo crianças que não conseguem realizar as tarefas propostas.

A base que a escola dá depende do que cada criança traz como bagagem no momento da aprendizagem, e as diferenças encontradas acabam ocasionando uma maior dificuldade daquela criança que já se acha defasada em seu desenvolvimento.

A escola, entretanto, tem contas a ajustar com a sociedade, e com as famílias em particular; tem que provar o quanto é eficiente e eficaz em seus objetivos e arruma um "bode expiatório" para o fracasso escolar: *o aluno*. Ryan (1976) usa um termo muito apropriado para descrever isto: "Blaming the victim" (responsabilizando a vítima). O fracasso escolar é atribuído unicamente ao aluno que *não quer aprender.* Este aluno é frequentemente castigado e ameaçado tanto pelos professores quanto por seus pais.

As altas taxas de fracasso escolar são muitas vezes atribuídas à própria criança, explicado através de "doenças" que ela possuiria. É por este motivo que ela é sempre encaminhada para as inumeráveis clínicas de reeducação.

Uma ressalva temos que fazer quanto à responsabilidade da escola diante das dificuldades acadêmicas do aluno. Como falamos acima, a escola tem sua parcela de culpa, mas ela não pode arcar sozinha com as desadaptações encontradas em suas classes. Alguns alunos vêm para as escolas com diversas deficiências, com níveis de maturidade desiguais ou inferiores ao que se espera em sua idade cronológica.

Muitos trazem uma bagagem cultural, social, intelectual, neurológica muito defasada em relação aos seus companheiros e isto se constitui em desvantagens às vezes cruciais para a aprendizagem da leitura, escrita e cálculo.

2. DEFICIÊNCIA MENTAL

Uma criança que tenha uma inteligência inferior já se encontra limitada em sua aprendizagem. Algumas alcançam um maior desenvolvimento e outras se encontram tão comprometidas, que mesmo recebendo uma estimulação rica e condições favoráveis de ensino não conseguem ultrapassar seu limite. O educador esbarra em dificuldades que ele não está preparado para enfrentar.

3. DÉFICITS FÍSICOS E/OU SENSORIAIS

Uma criança com algum tipo de lesão cerebral ou alguma perturbação neurológica mais grave pode apresentar limitações em sua aprendizagem. Ela necessitaria de um acompanhamento médico e métodos adequados de ensino. Ela precisa, de acordo com sua experiência, *aprender como aprender*, dizem Wallace e McLoughlin (1975, p. 42).

Se uma criança não ouve ou enxerga bem, fatalmente terá mais dificuldade em acompanhar o ritmo de seus companheiros em sala de aula. Ela necessitaria, também, de uma metodologia diferenciada que a ajudasse a superar suas deficiências sensoriais.

Quando falamos em dificuldades de aprendizagem não estamos nos referindo nem à deficiência mental nem a nenhum déficit físico e/ou sensorial apresentado pela criança, por acreditar que se trata de outra problemática e que deveria ser discutida à parte.

4. DESENVOLVIMENTO DA LINGUAGEM

Este tópico já foi discutido no capítulo anterior. Basta salientar aqui que a aquisição da leitura e escrita são manifestações de uma linguagem expressiva. Uma criança deve ser capaz de comunicar-se com os outros verbalmente de forma clara, sem problemas de articulação.

Normalmente uma criança que falou tarde e ainda não domina muito bem a linguagem poderá manifestar alguma dificuldade na aprendizagem da leitura. Uma criança alfabetizada em duas línguas também pode apresentar problemas na leitura inicial.

5. FATORES AFETIVO-EMOCIONAIS

A boa evolução da afetividade é expressa através da postura, das atividades e do comportamento. Muitas crianças que têm dificuldades de aprendizagem acabam apresentando algumas perturbações afetivas. Como possuem uma inteligência relativamente boa, sofrem com seus fracassos escolares e com isto se isolam mais e se afastam de qualquer atividade que envolva competição.

Às vezes se sentem inferiorizadas, pois não raro são tachadas de preguiçosas pelos professores devido ao seu desinteresse em ler e escrever. Muitas acabam apresentando falta de segurança, inibição, falta de interesse pela escola. A autoimagem e consequente autoestima diminuem e isto acarreta ou um isolamento muito grande da criança ou comportamentos agressivos com os companheiros ou com os professores.

Não estamos aqui nos referindo às crianças que possuem perturbações emocionais muito sérias em termos patológicos.

Finalmente, é difícil saber se as perturbações afetivas são a causa ou a consequência da incapacidade de integrar a leitura e a escrita.

6. FATORES AMBIENTAIS (nutrição e saúde)

Uma nutrição inadequada pode afetar as habilidades de aprendizagem. A este respeito temos que ressaltar duas questões cruciais: a primeira diz respeito à gestação e aos primeiros anos de vida da criança. Como já explicamos no capítulo II, na época da formação dos neurônios, uma alimentação inadequada pode acarretar prejuízos muito grandes para a criança, tanto no número de suas células nervosas quanto no processo de mielinização. A mielina provoca uma maior facilidade e velocidade da comunicação entre os centros nervosos e os centros de execução e também acarreta uma maior facilidade de coordenação e controle muscular.

A outra questão que queremos discutir se refere à época das aprendizagens escolares. Uma carência ou privação alimentar tanto quantitativa quanto qualitativa pode ocasionar o que Pain (op. cit., p. 29) chama de *déficit alimentar crônico* e que acarreta, por sua vez, uma "*distrofia generalizada*" que irá afetar sensivelmente a capacidade de aprender.

Pain ainda salienta que:

> [...] essas perturbações podem ter como consequência problemas cognitivos mais ou menos graves, mas *não configuram por si sós um problema de aprendizagem*[9]. Se bem não são causa suficiente, aparecem, no entanto, como causa necessária.

A carência alimentar no período escolar é mais fácil de ser resolvida por um plano de comida na escola.

Quanto à saúde, os problemas crônicos de respiração, alergias, traumas etc. podem influenciar de maneira considerável as aprendizagens escolares. Não podemos esquecer também, como afirma Pain, do funcionamento glandular, não apenas porque mantém uma relação com o desenvolvimento geral da criança, mas também *porque muitos estados de hipomnésia,* falta de concentração, sonolência, "lacuns" costumam explicar-se pela presença de deficiências glandulares.

7. FALTA DE MATURIDADE PARA INICIAR O PROCESSO DE ALFABETIZAÇÃO

A importância da maturidade para o processo de alfabetização tem sido apontada por diversos autores como Lourenço Filho (1964, p. 22), Brandão (1984, p. 41), Piaget (1974). Lourenço Filho diz que para se iniciar a aprendizagem deve existir um mínimo de maturidade, com o qual ela deve se fundamentar. Brandão acredita que a maturidade é dependente em parte do que foi herdado e em parte do que foi adquirido pelas experiências de vida. Piaget valoriza a maturidade, mas afirma que

---

9. Grifo nosso.

ela é condição necessária, mas não suficiente para explicar todo o desenvolvimento mental, o que Ajuriaguerra (op. cit.) também comprova. Condemarín, Chadwick e Milicic (1984) salientam que a criança precisa apresentar um nível de maturidade, de desenvolvimento físico, psicológico e social no momento de sua entrada no sistema escolar, pois isto lhe facilitaria enfrentar adequadamente as situações de aprendizagem. Não nos estenderemos mais sobre este assunto, pois acreditamos que já tenha sido suficientemente discutido anteriormente.

8. DEFICIÊNCIAS NÃO VERBAIS

Johnson e Myklebust (op. cit.) salientam ainda que normalmente se dá mais atenção às deficiências verbais que são as mais observadas principalmente por dizerem respeito ao desempenho acadêmico, como aquisição da linguagem, leitura, escrita, aprendizado de aritmética, do que às não verbais.

As deficiências não verbais, que para eles são significativas para o aproveitamento escolar, são muitas vezes deixadas de lado. Como exemplo das não verbais, eles citam as dificuldades em orientação espacial, lateralidade, orientação temporal, especificamente o ritmo, o significado das expressões faciais, limitações de percepção social.

Uma criança integra primeiramente as experiências não verbais. Delas depende a aquisição de muitas outras aprendizagens.

9. "DISLEXIA"

Muitas crianças, no início das aprendizagens de leitura e escrita, apresentam os mais variados "erros". Trocam letras, às vezes "escrevem em espelho", não conseguem aglutinar palavras. Isto já é esperado e tende a desaparecer à medida que forem assimilando os conceitos necessários a essas habilidades.

Há casos, porém, em que os "erros" persistem e a criança, mesmo apresentando uma inteligência normal, tem grande dificuldade de ler e escrever. Ela pode estar apresentando o que chamamos de *dislexia*.

A criança disléxica tem dificuldade de compreender o que está escrito e de escrever o que está pensando, consequentemente pode perturbar a mensagem que recebe ou que expressa. Quando tenta expressar-se no papel o faz de maneira incorreta, o que torna difícil para o leitor compreender as suas ideias. Por causa disto, muitos professores confundem dislexia com debilidade mental. Essas duas questões não têm relações entre si. A debilidade mental apresenta-se como um retardo global, enquanto que o disléxico, muitas vezes, tem um nível intelectual normal e até superior. Normalmente produz bem em todas as disciplinas e só se defronta com dificuldades quando precisa ler e escrever.

Dislexia não é uma perda de função, mas um fracasso limitado, diz Ross (1979).

Para Santos (1987), *dislexia, em um sentido restrito, designa somente dificuldades diante da leitura e da escrita dos indivíduos sem outros problemas de aprendizagem e sem déficit sensorial ou de adaptação*. Neste sentido, ela vê a dislexia como síndrome pedagógica e apresenta os distúrbios que podem vir associados: distúrbios da fala e da linguagem, da estruturação espaçotemporal, do esquema corporal, do sentido de direção, da percepção do ritmo. Em sentido amplo, a dislexia significa quaisquer dificuldades que as crianças possam apresentar na aprendizagem da leitura, não importando a causa.

Normalmente, usa-se a terminologia dislexia específica de evolução, específica significando que se quer delimitar bem o problema que se refere apenas à dificuldade de aprendizado de leitura e escrita e de evolução, porque tais problemas tendem a desaparecer espontaneamente por volta de 15-17 anos.

Chamamos de dislexia não apenas os problemas de leitura, mas os de escrita também.

A descoberta sobre a existência do quadro de dislexia se deu entre o final do século XIX e início do XX. Ao longo destes anos, muitos estudos foram realizados com o objetivo de se compreender melhor este problema.

Em 1895, um cirurgião oftalmologista inglês, James Hinshelwood (in: COLES, 1987), analisando alguns casos de adultos que, por traumatismo craniano, perderam a faculdade de ler, deu o nome a esta enfermidade de "cegueira verbal". Mais tarde, chamou de "cegueira verbal congênita" o problema de algumas crianças que não aprendiam ou tinham dificuldade para ler. Afirmava que muitas delas, para compensar, memorizavam certas palavras.

Na época de Hinshelwood, a ciência médica no que se referia ao estudo direto do cérebro era muito limitada e ele foi incapaz de verificar a analogia que acreditava existir entre o defeito no relato linguístico e algum defeito cerebral. Mesmo assim tentou provar que a cegueira verbal congênita era uma possível causa dos problemas de linguagem, por exclusão de outras influências. Embora possamos questionar sua lógica, não podemos deixar de lhe atribuir seu devido valor. Ele deu uma grande contribuição no sentido de incentivar estudos sobre os adultos e crianças que apresentavam dificuldades de leitura e escrita.

Samuel Orton (in: BRYANT & BRADLEY, 1987, p. 26), neurologista americano, preocupado com os problemas de trocas de letras e confusão de imagens especulares, chamou o quadro de "estrefossimbolia". Segundo ele essas distorções dos símbolos que as crianças apresentavam eram devidas à simetria dos hemisférios cerebrais direito e esquerdo. Existe, portanto, uma conexão entre eles de forma que

> a mensagem captada referente a uma letra em um hemisfério é a imagem em espelho da mensagem captada sobre a mesma letra no outro hemisfério. A criança, assim, tem duas imagens, sendo uma a imagem em espelho da outra e isto tem a tendência de confundi-la quando ela precisa distinguir imagens especulares verdadeiras, tais como "p" e "q", "b" e "d".

A criança normal, para ele, seria aquela que tem uma maior maturidade cerebral, pois, à medida que cresce, seus hemisférios esquerdo e direito desempenham funções distintas e assim ela supera as confusões de imagens em espelho. A criança com dificuldade de leitura, portanto, seria aquela que ainda está presa nestas confusões cerebrais devido a uma maior lentidão do desenvolvimento de seu cérebro.

Orton atraiu para perto de si diversos estudiosos no assunto e sua teoria ainda hoje é discutida. Para Bryant e Bradley (op. cit., p. 28), no entanto, o princípio em que fundamentou sua teoria já estava errado, pois Orton viu apenas um tipo de erro de leitura, que nem todas as crianças com atraso apresentam.

Para eles, embora possamos questionar as ideias de Orton, também precisamos reconhecer seu valor. Ele propôs ensinar às crianças com dificuldades de leitura métodos multissensoriais, com o objetivo de envolver e entrelaçar os sentidos de movimento, tato, audição e visão no desenvolvimento da leitura e escrita.

Este tópico sobre dislexia tem suscitado diversas polêmicas no mundo todo, pois alguns autores negam e outros confirmam a existência deste quadro. Apresentaremos, a seguir, algumas das ideias mais marcantes.

O Centro de Pesquisa da Educação Especializada e de Adaptação Escolar (Cresas) na França formulou a seguinte questão a diversos autores:

Existe uma patologia da aprendizagem da língua escrita?

Launay (1986, p. 115) faz uma distinção entre doença que, para ele, significa "entidade específica com causa determinada", e síndrome que define como "uma associação de sintomas cuja origem é necessário procurar em fatores múltiplos de maneiras diversas". Launay opta pela segunda concepção afirmando ser a dislexia não somente uma dificuldade para adquirir, como também:

[...] a frequência e a reprodução de confusões de sons e de inversões, a incapacidade para organizar a língua escrita e, finalmente, o caráter rebelde destas confusões, apesar dos esforços pedagógicos [...]. Assim, a dislexia é concebida como um distúrbio psicopedagógico, com anamnese frequente, mas não constante, dos distúrbios da linguagem ou da orientação espacial, e dos fatores iniciais, constitucionais uns e dependentes do meio outros [...] Entre os fatores do meio ocupa um lugar o fator pedagógico, e não certamente porque uma pedagogia inadequada possa por si só criar uma dislexia, mas porque pode encaminhar uma criança com uma maturidade medíocre para o caminho da dislexia.

Já Critchley (in: AJURIAGUERRA, 1984, p. 116) acredita que a dislexia é uma doença orgânica de tipo constitucional e hereditária, relacionada, talvez, com o que os americanos chamam de disfunção cerebral mínima (DCM) e que, na opinião de Launay (in: AJURIAGUERRA, p. 116), é uma *hipótese sem fundamento* anatômico, muito discutida até mesmo nos Estados Unidos e Inglaterra.

Chiland (in: AJURIAGUERRA, p. 116) dá maior ênfase às desigualdades entre as crianças que entram na escola, desigualdades estas provenientes de seu meio sociocultural e familiar. Ele afirma que *os termos dislexia e disortografia não deveriam utilizar-se em outro sentido senão aquele puramente descritivo, sem pressupor uma enfermidade de dislexia ou um distúrbio constitucional hereditário.*

Debray, Mekelian e Bursztejn (in: AJURIAGUERRA, p. 88) em oito anos de trabalho em consultórios de policlínicas, tendo efetuado estudos sobre mil casos, encaram a dislexia como uma inaptidão e não uma doença. Eles lembram que existem casos de dislexia adquirida em consequência de lesões cerebrais graves. Citam dois casos de afasia adquirida com perda temporal da linguagem ocasionada por flebite cerebral e traumatismo craniano. Nestes casos, os pacientes recuperaram a linguagem oral, mas se estabeleceu uma dislexia. Esses casos são chamados de patologia da língua escrita adquirida.

Dugas (in: AJURIAGUERRA, p. 94), diante da discussão entre o normal e o patológico, distingue alguns casos em que se pode detectar realmente uma patologia. É o caso de crianças que apresentam um quadro de deficiência intelectual ou personalidade muito conturbada, ou ainda deficiência auditiva que origina uma incapacidade para adquirir uma articulação normal. Na dislexia, muitas crianças fracassam na leitura e ortografia, mas possuem um grande êxito em cálculo. Isto pode vir a contrariar o enfoque de quadro patológico à questão. Outro fator é a ausência de perturbações sensoriais, intelectuais ou afetivas anteriores às dificuldades.

Dugas afirma, ainda, ser difícil tentar situar o limite entre o patológico e o normal, e condena toda classificação como ilusória e antiquada. Concordamos com ele quando conclui:

> Acreditamos que o interesse não está tanto em determinar se pertencem ou não à patologia – ainda que as consequências escolares e sociais de sua debilidade eletiva as levem a este destino –, mas em precisar suas características dentro do grupo dos que leem mal e em promover os meios que permitirão que se sobressaia um *handicap* cujas graves consequências vimos.

Defontaine (1980, v. 3) distingue três tipos de dislexia:

a) dislexias constitucionais que acompanham grandes perturbações como, por exemplo, a lateralização mal estruturada, perturbações da palavra e da linguagem;

b) dislexias de evolução, que são detectadas por ocasião das primeiras letras e que podem ser provocadas por métodos de aprendizagem defeituosa;

c) dislexias afetivas, que são provocadas por bloqueios afetivos.

Ele cita algumas causas da dislexia como os retardos e perturbações no desenvolvimento da criança e neste sentido entram em jogo a lateralização, o esquema corporal, a orientação espaçotemporal e a estabilização dos valores; e também os atrasos da linguagem, as deficiências de percepção auditiva, visual e também as causas pedagógicas, principalmente nos casos em que a criança aprende a ler muito cedo antes de atingir maturidade para isto. Ele não acredita que o método pedagógico adotado nas escolas possa ser a causa da dislexia porque senão os distúrbios da leitura seriam muito mais constantes.

Pain (1989, p. 30) acredita que existem problemas de aprendizagem devido a desordens localizadas dentro das agnosias, mas também reconhece que em todos os outros casos a dislexia *é utilizada apenas como um nome mais elegante para traduzir simplesmente a dificuldade para aprender a ler e/ou escrever.*

Tomada de posição diante das possibilidades

Diante de toda a polêmica que foi exposta parece-nos que se deve distinguir, como propõe Defontaine, as dislexias causadas por um problema mais grave como deficiência intelectual, deficiência auditiva ou visual grave, problemas estes que podem ser provocados por lesões corticais, traumatismos cerebrais etc. Neste caso, a dislexia estaria acompanhada por outros quadros patológicos fáceis de identificar e, provavelmente, permaneceriam, constantemente, sendo apenas suavizados por uma reeducação. E, por outro lado, a dislexia apresentada por uma criança com uma inteligência normal ou superior que apresenta dificuldades em leitura e escrita, principalmente em relação aos seguintes erros: inversões, confusões de letras, omissões, repetições, distorções de letras e sílabas, contaminações de palavras, escrita em espelho, trocas de letras, de sílabas ou de palavras.

Concordamos com Poppovic (1975, p. 52) quando diz:
> Existe um caráter sistemático dos erros, isto é, repetição constante do mesmo tipo de erros e a concomitância destes erros com os distúrbios citados possibilitando claramente a diferenciação deste quadro de um simples atraso pedagógico com o qual é muitas vezes confundido.

O método de alfabetização pode levar a uma dificuldade de aprendizagem, mas não se encaixa no quadro da dislexia. Os erros pedagógicos mais comuns são as confusões entre "ç" e "ss", entre "l" e "u", entre "s" e "z", "m" antes de "p" ou "b", ou no final das palavras como por exemplo: "mossa", em vez de "moça", "auma" em vez de "alma", "meza" em vez de "mesa", "canpo" em vez de "campo".

Os erros específicos mais frequentes em dislexia[10] apontados por diversos autores como Ajuriaguerra (1984), Santos (op. cit.), Condemarín e Blomquist (1986) são:

a) confusão no reconhecimento de sinais orientados diferentemente (letras simétricas): *d* e *b*; *n* e *u*; *p* e *q*.

b) discriminação auditiva pobre que se traduz pela confusão entre letras foneticamente semelhantes: *t* e *d; f* e *v*; *p* e *b; ch* e *f.*

c) leitura escrita em espelho (imagem especular).

d) repetição de palavras ou sílabas: a menina menina correu... a memenina correu...

e) na escrita, união das palavras: umdiaeu fuipassear;

f) inversão na ordem das palavras por falta de orientação temporal: crote por corte;

g) omissão de letras, palavras, sílabas: o meno gostou bolo (o menino gostou do bolo);

h) confusão das letras de formas parecidas: *"l"* e *"i"*; *"t"* e *"f"*; *"i"* e *"j"*; *"a"* e *"o"*, *"v"* e *"u"*;

i) pular uma linha ou perder a linha quando lê, sem perceber;

---

10. As crianças com dislexia apresentam sempre os mesmos erros específicos, mas não todos apontados nesta lista.

j) substituição de palavras por outras ou criação de palavras com significado diferente: soltou por salvou; bebeu por deu;

k) adições ou omissões de sons, sílabas ou palavras: canecão – cacão, viver por viaver;

l) ilegibilidade na escrita;

m) leitura silábica, hesitante, com voz monótona.

O propósito deste trabalho não é o de querer que o educador diagnostique se a criança apresenta dislexia, ou qualquer outro problema neurológico mais sério. O seu campo de trabalho é pedagógico, e, portanto, deve se limitar a ele. Não deve catalogar ou rotular as crianças, mas reconhecer que existem algumas que apresentam maior número de dificuldades em leitura e escrita e que ele deve atuar no sentido de tentar corrigir ou minimizar essas dificuldades.

Concluindo, é preciso ressaltar que as causas para o não aprendizado do aluno não se esgotam nas que foram expostas aqui. Muitas outras podem surgir no confronto da criança com o ensino, com a escola, com o professor, com a cultura. Algumas são frutos de sua própria personalidade.

Se um professor for aberto a seus alunos e se preocupar verdadeiramente com aqueles que não acompanham a classe, saberá descobrir o que pode estar afetando sua aprendizagem. Saberá, também, descobrir os meios que facilitariam um melhor desenvolvimento acadêmico.

CAPÍTULO V
CONCLUSÕES E PROSPECÇÕES

Realizamos uma pesquisa de campo com três classes do curso básico (CB) chamadas extraoficialmente de "especiais". Nelas, eram alocados alunos oriundos de diversas salas de aula e que apresentavam, no ano anterior, as mais variadas dificuldades.

Foram propostos para eles alguns exercícios de psicomotricidade mais adequados para serem utilizados coletivamente dentro da sala de aula e extraídos da experiência profissional da autora e da bibliografia mais conceituada no assunto.

Não nos estenderemos, neste momento, sobre os detalhes deste estudo[11]. Afirmamos, apenas, que, no final, foi comprovada a eficácia de tal intervenção: as crianças foram reeducadas sem saírem da escola. Demos a elas mais atenção, mais afetividade, aumentamos seu potencial motor e, talvez, tenhamos provocado maior amadurecimento neurológico, na medida em que as estimulamos a realizar exercícios e a interiorizar suas ações.

Da análise dos dados, portanto, podemos concluir que, antes de um professor "diagnosticar" que um aluno tem "dificuldades de aprendizagem" e encaminhá-lo para as diversas clínicas de reeducação, deve procurar ele mesmo descobrir o que está acontecendo. Em vez de transferir para outros o encargo de cuidar de suas crianças, ele próprio deve tomar sob sua responsabilidade não só os bons alunos, quanto os que têm mais dificuldades. Dentro de sua área pedagógica é o professor quem

---

[11]. Os leitores interessados poderão obter informações na tese de doutorado da autora na Universidade Estadual de Campinas.

tem mais condições de desenvolver um maior aproveitamento acadêmico e ele não pode se alienar neste sentido.

Em nosso estudo conseguimos realizar uma recuperação, embora não total (e nem era nossa pretensão), de diversas dificuldades comumente apresentadas pelas crianças e que estavam afetando sua aprendizagem. Muitos alunos já estavam sendo encaminhados para especialistas e, por problemas unicamente econômicos, não estavam frequentando nenhum.

Tomamos como um desafio realizarmos uma reeducação, com o propósito único de procurar desenvolver algumas habilidades que sabíamos serem essenciais para as primeiras aprendizagens, as habilidades psicomotoras.

Para este objetivo e como observamos anteriormente, desenvolvemos uma proposta de trabalho que visava provocar um aumento do potencial psicomotor do aluno, por acreditarmos que assim estaríamos ampliando suas condições básicas e elementares diante das diversas aprendizagens escolares. Tínhamos, também, a intenção de capacitar melhor o professor para que ele mesmo tivesse condições de desenvolver e provocar no aluno uma maior maturidade neurológica tão necessária para um desenvolvimento cognitivo satisfatório.

Não foi nossa pretensão, em nenhum momento, ditar as soluções e nem transmitir "receitas" para um bom desenvolvimento da criança. Queríamos apenas trazer à luz algumas questões para reflexão que julgávamos essenciais.

Pretendíamos apenas trazer os recursos da psicomotricidade para dentro da sala de aula, no sentido de aumentar o potencial motor do aluno, capacitando-o para um melhor desenvolvimento e aproveitamento das aprendizagens acadêmicas. É o professor com sua capacidade técnica, com seu conhecimento, com sua experiência profissional e com sua didática quem *tem condições de provocar um maior desenvolvimento cognitivo e propiciar uma aprendizagem verdadeiramente significativa.*

O primeiro ponto que acreditamos ser extremamente relevante diz respeito à escola. É claro que ela está necessitando de uma reforma em sua estrutura. Não podemos, como educadores, entretanto, só criticar e responsabilizá-la por tudo e nem responsabilizar o aluno, seu meio sociocultural e familiar, pelas suas dificuldades escolares.

Algo tem que ser feito com a criança que não aprende e o mais rápido possível para evitar consequências na esfera emocional. Está aí a grande contribuição que o professor pode dar.

É ele que está em permanente contato com a criança, pois, muitas vezes, passa mais tempo com ela do que os próprios pais. Sua postura em sala de aula é de extrema importância para prevenir muitas das desadaptações encontradas.

Ele precisa levar em consideração o fato de que as crianças que chegam aos bancos escolares não progridem de forma homogênea, pois possuem ritmos diferentes. As habilidades psicomotoras necessárias para o ensino da leitura e escrita nem sempre estão desenvolvidas. Muitas possuem um atraso no desenvolvimento das funções neuropsicológicas devido a um atraso em sua maturação. Cabe a ele auxiliar seus alunos neste sentido antes mesmo de iniciar qualquer aprendizagem.

Muitos professores estão mais preocupados com os rótulos do que com as soluções e cada vez mais vão provocando evasões escolares, submetendo as crianças a assumirem na sociedade papéis secundários que não têm nenhum significado para elas.

Não se trata pois de dar nomes e rótulos, mas entender os tipos de dificuldades que podem existir dentro e fora da sala de aula. Como vimos no capítulo IV, as causas dessas desadaptações não são claramente identificadas, pois não existe *uma única* que as justifique, salvo quando se tratar de limitações físicas, mentais e neurológicas graves. Existe um conjunto de prováveis causas que todos aqueles que lidam com crianças em situações de aprendizagem deveriam conhecer.

Não se pode chamar uma equipe multidisciplinar para diagnosticar as dificuldades apresentadas por cada aluno. O professor, soberano no processo ensino-aprendizagem desenvolvido em sala de aula, se for bem esclarecido e capacitado, terá condições para sanar muitas delas, e deixar para outros profissionais casos que "fogem" de sua alçada.

Verificamos, no final da pesquisa, que nosso esforço não foi em vão. Muitos alunos, que estavam muito defasados em suas habilidades psicomotoras e que apresentavam dificuldades consideráveis em leitura e escrita, tiveram êxito satisfatório nestas duas instâncias. Não estamos tendo a pretensão de acreditar que só nosso estudo foi suficiente para sanar essas dificuldades. Não esgotamos o assunto.

Não foi nosso objetivo, neste momento, estudar métodos de alfabetização ou novas formas de ensino. Muito já se tem escrito sobre isto.

Acreditamos, porém, que o educador não deve se preocupar só com a aprendizagem específica de determinada tarefa. Existem dificuldades que resistem a uma pedagogia normal. É por isto que acreditamos que é melhor "prevenir do que remediar", isto é, ele deve antes de mais nada promover condições para que esta aprendizagem se torne satisfatória.

Gostaríamos de refletir, neste momento, sobre a postura do professor frente às aprendizagens dos alunos. Ele deve ser sempre aberto às indagações e dúvidas, tratá-los com respeito e consideração, respeitar o ritmo de cada um. Muitas vezes é necessário dar "um tempo" para eles se desenvolverem.

O educador deve também respeitar as dificuldades apresentadas pelas crianças evitando comentários que possam torná-las alvos de risadas dos colegas, que as exponham ao ridículo. Uma criança que apresente limitações em leitura e escrita, normalmente, sente-se ansiosa quando precisa ler em voz alta ou ainda escrever na lousa o que o professor dita. Esta situação causa-lhe ansiedade e pode provocar diversas situações de fuga.

De início, o professor não deve ficar muito preso à sintaxe e à correção das palavras, e se preocupar com o conteúdo e o sentido do que é expresso. Esta deveria ser uma das primeiras etapas do ensino da leitura e escrita: auxiliar a criança a se expressar e a se comunicar. Neste primeiro momento, a correção das palavras é o que menos deveria importar. Deve-se corrigir, mas saber a hora certa. Muitas crianças escutam e falam "errado" em casa e para elas é uma dificuldade aprender a leitura e a escrita seguindo os moldes da norma culta, da língua padrão.

Um aluno que fala "xícaras quebrada", por exemplo, não pode ser classificado, por este motivo, como portador de deficiência de aprendizagem. Ele só está reproduzindo o que fala seu primeiro meio de comunicação: a família. E se ele está reproduzindo igualzinho, é um indício de que não tem qualquer problema. Mas, não é fácil trocar seus símbolos sonoros por uma linguagem socializada adequada à norma culta. É por isso que dizemos que se deve dar um tempo para ele.

A postura do professor, portanto, frente às dificuldades dos alunos, quaisquer que sejam elas, deve ser, em vez de emitir juízos de valor, conversar sobre elas, fazendo com que seus alunos enxerguem que todo ser humano possui algumas falhas e que isto não deve impedi-los de se aceitarem e se esforçarem para superá-las. O professor pode também auxiliá-los a se perceberem positivamente. Ao mesmo tempo, deve criar situações de maior interesse em sala de aula, com material mais adequado e mais motivador, antes que se estruture uma experiência de fracasso cujo efeito pode ser desastroso. Não estamos acreditando que só isto vá fazer com que o aluno resolva suas dificuldades acadêmicas. Muitas delas vão continuar existindo.

Finalmente, gostaríamos de acrescentar que a aprendizagem da leitura e da escrita envolve diversos outros fatores que devem ser reconhecidos e pesquisados.

Gostaríamos de lançar um alerta a todos aqueles que lidam com as crianças na escola, desde os diretores, orientadores educacionais, professores, inspetores e até merendeiras, no sentido de procurar fugir dos "rótulos" e se preocupar mais em *como* auxiliá-las do que "diagnosticar" distúrbios para proceder a um encaminhamento.

Cabe-nos, ainda, alguns questionamentos:

Como contornar os reveses que a escola apresenta? Como torná-la menos selecionadora e mais produtiva? Como combater as variáveis que podem estar influenciando a grande evasão?

Não adianta somente discutirmos os porquês das dificuldades de aprendizagem. É preciso propor caminhos que possam, se não solucionar, pelo menos diminuir alguns destes problemas que são tão dolorosos para a criança – como ver suas chances diminuídas por problemas que muitas vezes são alheios a ela.

Esperamos ter contribuído para auxiliar o aluno, que normalmente se vê fora da escola, quando não consegue acompanhar seus colegas; a família que muitas vezes se sente perdida acreditando que seu filho é doente; a sociedade, que, em vez de mais um ser frustrado, ganha alguém que possui outras potencialidades tão importantes quanto as habilidades de leitura e escrita; e também o próprio professor, que "cresce" juntamente com o aluno, com a sensação do dever cumprido.

DEFINIÇÃO DE TERMOS

ABDUÇÃO – Afastamento de um membro ou parte dele no plano médio do corpo humano. Ex.: ao ficar num pé só, o homem, para estabelecer o equilíbrio, faz abdução do braço do lado oposto (eleva-o lateralmente).

AFASIA – Perda da capacidade de usar ou compreender a linguagem oral e escrita:

– *Afasia expressiva* – dificuldade ou impossibilidade de falar ou escrever.

– *Afasia receptiva* – dificuldade ou impossibilidade de entender a palavra escrita ou falada.

– *Afasia amnésica* – incapacidade de lembrar as palavras apropriadas.

AGNOSIA – Incapacidade de interpretar o significado das sensações recebidas pelo sistema nervoso. – Impossibilidade de adquirir o conhecimento.

– *Agnosia auditiva* – incapacidade de compreender qualquer som – incapacidade de interpretar a palavra falada e compreender bem os sons musicais.

AGRAFIA – Impossibilidade de escrever e reproduzir os seus pensamentos por escrito na ausência de perturbação motora da mão.

APRAXIA – Forma de alteração da manipulação dos objetos; perda de conhecimento do uso de objetos ou incapacidade de executar corretamente movimentos úteis.

CINESTESIA – Sensibilidade relativa com movimento. Sentido que proporciona a percepção dos movimentos musculares. Sensações internas que nos informam das mudanças no espaço dos diferentes elementos corporais.

DISCALCULIA – Dificuldade para a realização de operações matemáticas.

DISGRAFIA – Distúrbio da escrita por dificuldade na codificação e/ou execução motora dos símbolos gráficos. Escrita manual extremamente pobre. – Dificuldade de realização dos movimentos necessários à escrita.

DISLEXIA – Distúrbio da leitura ocasionando dificuldade para aprender a ler.

ECOLALIA – Repetição de sílabas ou sons em geral desvinculadas de sentido para a criança.

ESCRITA ESPECULAR – Forma de escrita que se caracteriza pela possibilidade de ser quando projetada num espelho. Daí seu nome.

HEMIPLEGIA – Paralisia de um dos lados do corpo.

HIPERCINESIA – Movimento e atividade constante excessiva – hiperatividade.

LALAÇÃO – Sons juntos de tonalidades diferentes que uma criança pequena produz antes do desenvolvimento da linguagem.

PARALISIA – Ausência de movimento voluntário.

PRAXIA – Movimento intencional, organizado, tendo em vista a obtenção de um fim ou de um resultado determinado.

SINCINESIA – Comprometimento de alguns músculos que participam e se produzem, sem necessidade, durante a execução de outros movimentos envolvidos em determinada ação. É involuntária e geralmente inconsciente.

BIBLIOGRAFIA

AJURIAGUERRA, J. de. *A escrita infantil*: Evolução e dificuldades. Porto Alegre: Artes Médicas, 1988. [Trad. de Iria Maria R. de Castro Silva].

_____. *Manual de psiquiatria infantil.* Rio de Janeiro: Masson do Brasil Ltda., 1980. [Trad. de Paulo Cesar Geraldes e Sonia R. Pacheco Alves].

AJURIAGUERRA, J. de e outros. *A dislexia em questão* – dificuldades e fracassos na aprendizagem da língua escrita. Porto Alegre: Artes Médicas, 1984. [Trad. de Iria M.R. de Castro Silva].

ANDRADE, Maria Lúcia de A. *Distúrbios psicomotores*: uma visão crítica. São Paulo: EPU, 1984.

ARISTÓTELES. *A política.* São Paulo: Hemus, 1966. [Trad. de Torrieri Guimarães].

ARISTOW-JOURNOUD, M. Le geste et le rythme – rondes et jeux dansés – de la naissance à la pré-adolescence. *Cahiers de Pédagogie Moderne,* n. 122. 6ª ed. Paris: Librairie Armand Colin, 1974.

AUZIAS, Marguerite. *Les Troubles de l'écriture chez l'enfant* – problèmes géneraux. Bases de Rééducation. Paris: Delachaux et Niestlé, 1970.

AZCOAGA, J.E. e outros. *Los retardos del lenguaje en el niño.* Buenos Aires: Paidós, 1979.

BANDET, J. Vers l'apprentissage du language écrit. 3. ed. *Cahiers de Pédagogie Moderne* n. 45. Paris: Armand Colin, 1970 [Collection Bourrelier].

BARBIZET, J. & Duizabo, P.H. *Manual de neuropsicologia.* Porto Alegre/São Paulo: Artes Médicas. Masson, 1985 [Trad. de Silvia Levy e Ruth R. Josef].

BARNARD, Kathryn E. & ERICKSON, M. *Como educar crianças com problemas de desenvolvimento.* Porto Alegre, Globo, 1978 [Trad. de Ruth Cabral].

BEE, Helen L. & MITCHELL, S.K. *A pessoa em desenvolvimento.* São Paulo: Harper & Row, 1984 [Trad. de Jamir Martins].

BÉNOS, Jean. *L'enfance inadaptée et l'éducation psychomotrice.* 2. ed. Paris: Maloine S.A., 1972.

BERGE, Yvonne. *Viver o seu corpo* – Por uma pedagogia do movimento. São Paulo: Martins Fontes, 1981 [Trad. de Estela dos Santos Abreu e Maria Eugênia F. Costa].

BRANDÃO, Samarão. *Desenvolvimento psicomotor da mão.* Rio de Janeiro: Enelivros, 1984.

BRUECKNER, Leo J. & BOND, Guy L. *Diagnóstico y tratamiento de las dificultades en el aprendizaje.* 8. ed. Madri: Rialp, 1980 [Trad. de Arturo de la Orden].

BRUHNS, Heloísa T. (org.). *Conversando sobre o corpo.* 3. ed. Campinas: Papirus, 1989.

BRYANT, Peter & BRADLEY, L. *Problemas de leitura na* criança. Porto Alegre: Artes Médicas, 1987 [Trad. de Irineo C.S. Ortiz].

BUCHER, Huguette. *Estudio de la personalidad del niño a través de la exploración psicomotriz.* Barcelona: Toray-Masson, 1978 [Versión castellana de Enrique de la Lama].

_____. *Transtornos psicomotores en el niño* – Práctica de la reeducación psicomotriz. 2. ed. Barcelona: Toray-Masson, s.d. [Versión española de Mercedez Tallada Serra].

CAMPOS, Dinah Martins de Souza. *Psicologia da aprendizagem*. 5. ed. Petrópolis: Vozes, 1973.

CARMICHAEL, L. *Manual de psicologia da criança*. São Paulo: EPU/Ed. da Universidade de São Paulo, 1987 [Organizador da ed. original: Paul H. Mussen; coordenador da ed. brasileira: Samuel Pfromm Netto].

CARRAHER, Terezinha N. & REGO, Lúcia L.B. *O realismo nominal como obstáculo na aprendizagem da leitura*. Cadernos de pesquisa. (39). São Paulo, nov., 1981.

CATACH, Nina. *Dysorthographie et archigraphèmes* – Rééducation orthophonique. Vol. 20. Paris, septembre 1982, n. 126, p. 341-364.

CHARPENTIER, Marcelle. *Rééducation de la dyslexie avant la lecture*. [s.l.]: Studia, s.n. [Fichas de aprendizagem].

COLES, Gerald. *The learning mystique* – A critical look at "Learning Disabilities". Nova York: Pantheon Books, 1987.

COLLARES, Cecília A.L. & MOYSÉS, Maria A.A. Educação ou saúde? Educação x saúde? Educação e saúde! In: *Cadernos Cedes*, n. 15. *Fracasso escolar* – Uma questão médica. São Paulo: Cortez, 1985.

CONDEMARÍN, Mabel & BLOMQUIST, M. *Dislexia*: manual de leitura corretiva. Porto Alegre: Artes Médicas, 1988 [Trad. de Ana Maria Netto Machado].

CONDEMARÍN, M. & CHADWICK, M. *A escrita criativa e formal*. Porto Alegre: Artes Médicas, 1987 [Trad. de Inajara H. Rodrigues].

CONDEMARÍN, M.; CHADWICK, M. & MILICIC, N. *Maturidade escolar* – Manual de avaliação e desenvolvimento das funções básicas para a aprendizagem escolar. Rio de Janeiro: Enelivros, 1986 [Trad. de Maria Helena B. Nohoum].

CÓRIA-SABINI, M. Aparecida. *Psicologia aplicada à educação*. São Paulo: EPU, 1986.

COSTALLAT, Dalila Molina de. *Psicomotricidade*: a coordenação visomotora e dinâmica manual da criança infradotada, método de avaliação e exercitação gradual básica. Porto Alegre: Globo, 1983 [Trad. de Maria Aparecida Pabst, 5. ed.].

COSTE, Jean-Claude. *A psicomotricidade*. Rio de Janeiro: Zahar, 1978 [Trad. de Álvaro Cabral].

COUDRY, Maria Irma. *Diário de Narciso* – Discurso e afasia. São Paulo: Martins Fontes, 1988.

CRATTY, Bryant J. *Teaching motor skills*. New Jersey: Prentice-Hall, 1973.

CUNHA, Nylse H. Silva Correa & CASTRO, Yacy M. *Sistema de estimulação pré-escolar*: Sidepe. 2. ed. São Paulo: Cortez, Supercap, 1981.

CURTISS, Sandra. *A alegria do movimento na pré-escola*. Porto Alegre: Artes Médicas, 1988 [Trad. de Lauro Crespo Rangel].

DE MEUR, A. & STAES, L. *Psicomotricidade* – Educação e reeducação. São Paulo: Manole, 1984 [Trad. de Ana Maria Galuban e Setsuko Ono].

DEFONTAINE, Joël. *Manuel de rééducation psychomotrice*. T. 1-4. Paris: Maloine, 1980.

DELMAS, A. *Vias e centros neurais* – Introdução à neurologia. 9. ed. Rio de Janeiro: Guanabara Koogan, 1972 [Trad. de B. Vinelli Baptista].

DOLLE, Jean-Marie. *Para compreender Jean Piaget*. 4. ed. Rio de Janeiro: Zahar [Trad. de José J.G. de Almeida].

DOLTO, Françoise & NASIO, Juan D. *A criança do espelho*. Porto Alegre: Artes Médicas, 1991 [Trad. de Alba M.N. de Almeida].

ELIOT, John & SALKIND, Neil J. *Children's spatial development*. Springfield, Illinois: Charles C. Thomas, 1975.

FERNÁNDEZ, Alícia. *A inteligência aprisionada* – Abordagem psicopedagógica clínica da criança e sua família. Porto Alegre: Artes Médicas, 1990 [Trad. de Iara Rodrigues].

FERRÃO, Áurea M. *Dislexia – Disortografia*. São Paulo, 1972 [Tese de doutorado apresentada ao Instituto de Psicologia da USP].

FERREIRO, Emília & TEBEROSKY, Ana. *Los sistemas de escritura en el desarrollo del niño*. 1. ed. México: Siglo XXI, 1979.

FONSECA, Vitor da. *Psicomotricidade*. 2. ed. São Paulo: Martins Fontes, 1988.

_____. *Educação especial.* Porto Alegre: Artes Médicas, 1987.

FONSECA, Vitor da & MENDES, N. *Escola, escola, quem és tu?* Perspectivas psicomotoras do desenvolvimento humano. Porto Alegre: Artes Médicas, 1987.

FREIRE, J.B. *Educação de corpo inteiro* – Teoria e prática da educação física. São Paulo: Scipione, 1991.

GROSSMAN, S. *Desenvolvimento das estruturas lógicas e desempenho escolar.* Campinas, 1988 [Tese de mestrado da F.E. da Unicamp].

GRÜNSPUN, Haim. *Distúrbios neuróticos da criança*. 2. ed. Rio de Janeiro: Atheneu, 1966.

GUILLARME, J.J. *Educação e reeducação psicomotoras*. Porto Alegre: Artes Médicas, 1983 [Trad. de Arlene Caetano].

GUYTON, A.C. *Estrutura e função do sistema nervoso* – Fisiologia orgânica. Guanabara Koogan, 1974 [Trad. de Alcyr Kraemer].

HALLAHAN, Daniel P. & KAUFFMAN, James M. *Introduction to Learning Disabilities*. New Jersey: Prentice-Hall, 1976.

HARING, Norris G. & BATEMAN, Barbara. *Teaching the Learning Disabled Child*. New Jersey: Prentice-Hall, 1977.

HARROW, Anita J. *A Taxonomy of the Psychomotor Domain* – a Guide for Developing Behavioral Objectives. Nova York: David McKay Company, 1972.

HERREN, H. & HERREN, M.P. *A estimulação psicomotora precoce.* Porto Alegre: Artes Médicas, 1986 [Trad. de Jeny Wolff].

HURTADO, J.G.G.M. *Dicionário de psicomotricidade.* Porto Alegre: Prodil: 1991.

JADOUILLE, A. *Aprendizaje de la lectura y dislexia.* Buenos Aires: Kapelusz, 1966 [Trad. de Iris A. Ibañez].

JASPERS, Karl. *Psicopatologia General.* 4. ed. Buenos Aires: Beta, 1970 [Trad. de Roberto O. Saubidet e Diego A. Santillá].

JOHNSON, Doris J. & MYKLEBUST, Helmer R. *Distúrbios de aprendizagem* – Princípios e práticas educacionais. São Paulo: Pioneira USP, 1983 [Trad. de Marília Zanella Sanvicente].

KEPHART, Newell C. *O aluno de aprendizagem lenta.* Porto Alegre: Artes Médicas, 1986. [Trad. de Ieda Luci Sehm Gerhardt].

LABAN, Rudolf. *Domínio do movimento.* São Paulo: Summus, 1978 [Trad. de Anna Maria B. De Vecchi e Maria Sílvia Mourão Netto].

LAGRANGE, Georges. *Manual de psicomotricidade.* Lisboa: Estampa, 1982 [Trad. de Madalena C. Matos e José V. Lemos].

LAPIERRE, A. & AUCOUTURIER, B. *A simbologia do movimento*: psicomotricidade e educação. Porto Alegre: Artes Médicas, 1986 [Trad. de Márcia Lewis].

LAPIERRE, André. *A educação psicomotora na escola maternal* – Uma experiência com os "pequeninos". São Paulo: Manole, 1986 [Trad. de Ligia Elizabeth Henk].

LAUNAY, Clément & BOREL-MAISONNY. *Distúrbios da linguagem, da fala e da voz na infância.* 2. ed. São Paulo: Roca, 1986 [Trad. de Maria Eugênia de O. Viana].

LE BOULCH, Jean. *O desenvolvimento psicomotor* – Do nascimento até 6 anos. 2. ed. Porto Alegre: Artes Médicas, 1984a [Trad. de Ana G. Brizolara].

_____. *L'Éducation psychomotrice à l'école élémentaire* – La psychocinétique à l'âge scolaire. Paris: ESF, 1984b.

_____. *Vers une science du mouvement humain*. 2. ed. Paris: ESF, 1976.

LE CAMUS, Jean. *O corpo em discussão* – Da reeducação psicomotora às terapias de mediação corporal. Porto Alegre: Artes Médicas, 1986 [Trad. de Jeny Wolff].

LEFÈVRE, Antonio Branco. *Disfunção cerebral mínima*: estudo multidisciplinar. São Paulo: Sarvier, 1975.

_____. *Exame neurológico evolutivo* – Do pré-escolar normal. São Paulo: Livros Médicos, 1972.

LEIF, Joseph & BRUNELLE, Lucien. *O jogo pelo jogo* – A atividade lúdica na educação de crianças e adolescentes. Rio de Janeiro: Zahar, 1978 [Trad. de Júlio César C. Guimarães].

LOURENÇO Filho, M.B. *Testes ABC* – Para verificação da maturidade necessária à aprendizagem da leitura e escrita. 8. ed. vol. III. São Paulo: Melhoramentos, 1964.

LURÇAT, Liliane. *L'enfant et l'espace* – Le rôle du corps. Paris: Presses Universitaires de France, 1979.

MASSON, Suzanne. *Os relaxamentos*. São Paulo: Manole, 1986 [Trad. de Laura C. de Almeida e Violette N. Amary].

MCWHRITER, J.J. *The Learning Disabled Child*. Illinois: Research Press Company, 1979.

MERLEAU-PONTY, M. *Fenomenologia da percepção*. São Paulo: Freitas Bastos, 1971 [Trad. de Reginaldo Di Piero].

MONTEZUMA, Marconi Freire. *Autoconceito. Autoimagem. Autoestima* [Texto de aula mimeografado da Faculdade de Educação da Unicamp, não publicado, 1984].

MORAIS, Antonio Manuel Pamplona. *Distúrbios da aprendizagem*: uma abordagem psicopedagógica. São Paulo: Edicon, 1986.

MOREIRA, Ana Maria Albano. *O espaço do desenho*: a educação do educador. 3. ed. São Paulo: Loyola, s.d.

NASCIMENTO, Lúcia S. & MACHADO, M. Therezinha C. *Psicomotricidade e aprendizagem*. 2. ed. Rio de Janeiro: Enelivros, 1986.

OLIVEIRA, Gislene de. *A autoestima do adolescente em situação de provação*. Faculdade de Educação da Unicamp, 1979 [Tese de mestrado].

PAIN, Sara. *Diagnóstico e tratamento dos problemas de aprendizagem*. 3. ed. Porto Alegre: Artes Médicas, 1989 [Trad. de Ana Maria Netto Machado].

PAVLIDIS, George Th. & MILES, T.R. *Dyslexia Research and its Applications to Education*. Nova York: John Wiley & Sons, 1985.

PIAGET, Jean. *A noção de tempo na criança*. Rio de Janeiro: Record, s.d. [Trad. de Rubens Fiúza].

_____. *Seis estudos de psicologia*. Rio de Janeiro: Forense-Universitária, 1987 [Trad. de Maria Alice M. D'Amorim e Paulo S.L. Silva].

_____. *O nascimento da inteligência na criança*. 2. ed. Rio de Janeiro: Zahar, 1974 [Trad. de Álvaro Cabral].

PIAGET, Jean & INHELDER, Bärbel. *A psicologia da criança*. São Paulo: Difusão Europeia do Livro, 1968 [Trad. de Octávio Mendes Cajado].

PICQ, L. & VAYER, P. *Educação psicomotora e retardo mental* – Aplicação aos diferentes tipos de inadaptação. 4. ed. São Paulo: Manole, 1985 [Trad. de Antonio F.M. Cardoso e Virgínia T.G. Cardoso].

POPPOVIC, Ana Maria. *Alfabetização* – Disfunções psiconeurológicas. São Paulo: Vetor, 1975.

QUIROS, Julio B. de & DELLA CELLA, Matilde A. *La dislexia en la niñez*. 3. ed. Buenos Aires: Paidós, 1973.

RAPPAPORT, Clara R.; FIORI, Wagner R. & DAVIS, Cláudia. *Psicologia do desenvolvimento*. 4 vols. São Paulo: EPU, 1981.

RIZZO, Gilda. *Educação pré-escolar*. 2. ed. Rio de Janeiro: Francisco Alves, 1983.

ROSS, Alan O. *Aspectos psicológicos dos distúrbios da aprendizagem e dificuldades na leitura*. São Paulo: MacGraw-Hill, 1979 [Trad. de Alexandre Fares].

RYAN, Willian. *Blaming the victim*. Nova York: Vintage Books, 1976.

SANTOS, Cacilda Cuba dos. *Dislexia específica de evolução*. 2. ed. São Paulo: Sarvier/Livros Médicos, 1987.

SCHILDER, Paul. *Imagen y apariencia del cuerpo humano*. Buenos Aires: Paidós, 1958 [Versión castellana: Eduardo Loedel].

SCOZ, Beatriz J.L. e cols. *Psicopedagogia, contextualização, formação e atuação profissional*. Porto Alegre: Artes Médicas, 1991.

_____. *Psicopedagogia* – O caráter interdisciplinar na formação e atuação profissional. Porto Alegre: Artes Médicas, 1987.

SILVER, Archie A. & HAGIN, Rosa A. In: Boletim Informativo da Associação Brasileira de Dislexia (ABD), n. 23, julho de 1991.

STATT, David A. *Introdução à psicologia*. São Paulo: Harper & Row, 1978 [Trad. de Anita L. Neri].

SUCUPIRA, Ana Cecília Silveira Lins. A criança hipercinética: *Jornal de Pediatria*. Vol. 64 (5), 1988.

_____. Hiperatividade: doença ou rótulo. In: *Cadernos Cedes*, n. 15: Fracasso Escolar – uma questão médica. São Paulo: Cortez, 1985.

TASSET, Jean-Marie. *Notions théoriques et pratiques de psychomotricité*. Quebec: Le Sablier, 1972.

VALETT, Robert E. *Dislexia*: uma abordagem neuropsicológica para a educação de crianças com graves desordens de leitura. São Paulo: Manole, 1990 [Trad. de Martha Rosemberg].

_____. *Tratamento de distúrbios da aprendizagem* – Manual de programas psicoeducacionais. São Paulo: EPU/Edusp, 1977 [Coord. da edição brasileira: Leopoldo Antonio de Oliveira Neto].

VAYER, P. *O equilíbrio corporal*: Uma abordagem dinâmica dos problemas da atitude e do comportamento. Porto Alegre: Artes Médicas, 1984 [Trad. de Maria Aparecida Pabst].

_____. *A criança diante do mundo na idade da aprendizagem escolar*. Porto Alegre: Artes Médicas, 1982 [Trad. de Maria Aparecida Pabst].

WALLACE, Gerald & McLOUGHLIN, James A. *Learning Disabilities* – Concepts and Characteristics. Ohio: Charles E. Merrill Publishing CO, 1975.

WALLON, Henri. *Do ato ao pensamento* – Ensaio de psicologia comparada. Lisboa: Moraes, 1979 [Trad. de J. Seabra Dinis].

_____. *Psicologia e educação da infância*. Lisboa: Estampa, 1975 [Trad. de Ana Rabaça].

WILLS, C.D. & STEGEMAN, W.H. *La vida en el jardín de infantes*. 5. ed. Argentina: Troquel, 1977 [Trad. Cristina E. Fritzsche].

Conecte-se conosco:

 facebook.com/editoravozes

 @editoravozes

 @editora_vozes

 youtube.com/editoravozes

 +55 24 99267-9864

www.vozes.com.br

Conheça nossas lojas:

www.livrariavozes.com.br

Belo Horizonte – Brasília – Campinas – Cuiabá – Curitiba
Fortaleza – Juiz de Fora – Petrópolis – Recife – São Paulo

  Vozes de Bolso

EDITORA VOZES LTDA.
Rua Frei Luís, 100 – Centro – Cep 25689-900 – Petrópolis, RJ
Tel.: (24) 2233-9000 – E-mail: vendas@vozes.com.br